群馬カフェ時間

こだわりのお店案内

Gunma
Cafe time

ゆたり編集室 著

Mates-Publishing

はじめに

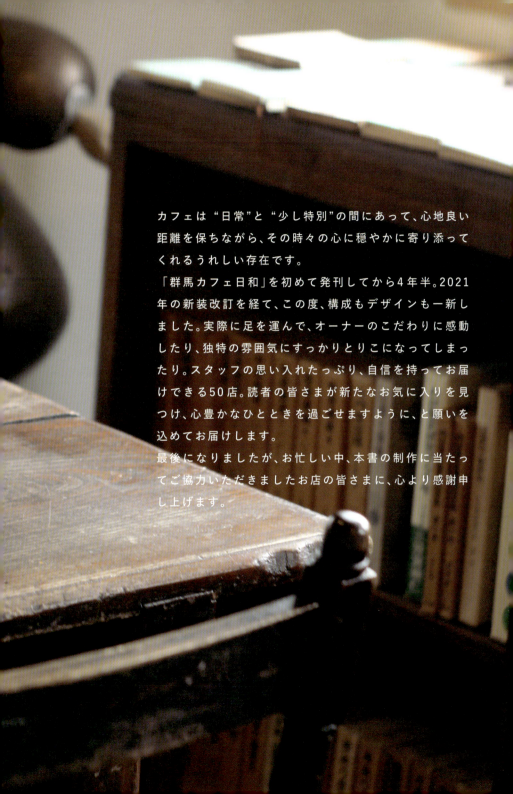

カフェは"日常"と"少し特別"の間にあって、心地良い距離を保ちながら、その時々の心に穏やかに寄り添ってくれるうれしい存在です。

「群馬カフェ日和」を初めて発刊してから4年半。2021年の新装改訂を経て、この度、構成もデザインも一新しました。実際に足を運んで、オーナーのこだわりに感動したり、独特の雰囲気にすっかりとりこになってしまったり。スタッフの思い入れたっぷり、自信を持ってお届けできる50店。読者の皆さまが新たなお気に入りを見つけ、心豊かなひとときを過ごせますように、と願いを込めてお届けします。

最後になりましたが、お忙しい中、本書の制作に当たってご協力いただきましたお店の皆さまに、心より感謝申し上げます。

もくじ

はじめに	002		1203	042
もくじ	004		PYRAMID CAFE AND ROASTERY	044
エリアマップ	006			

🍴 ごはんカフェ

薬膳や向新	010
SHIROIYA the LOUNGE	016
FLATTable coffee and meals	018
PISMO CAFE	020
初雪堂	022
Analog	024
Gabi's Cucina＆Caffé	026
HANADAN CAFE	028
cafe&marche nōfu	032
DAICON	036
Greenpoint by Bedford Cafe	038
ごずこん	040

📖 ブック・雑貨カフェ

つぐみBooks＆Coffee	050
Don't tell anyone	056
食と器ming	060
朝陽堂	064
えほんとカフェ	066
Book café ebisu	068
GASTERRO	070

🍰 おやつカフェ

曾根商店 白井宿カフェ焙煎所	084
tantan	090
Club Thierry	094
Quatre Café＆Donut	096

café suave bis	098
FUIGO TATEBAYASHI	100
Niksen Kojo CAFE	106
伊東屋珈琲 高崎店	110
warmth／warmth 離れ	112
st cafe	116
cafe Kisetsu	120
いしづカフェ	122
Merci Cocon&Café	126

特集　SPECIALTY COFFEE BREAK

SHIKISHIMA COFFEE STAND／BROWN WORKS COFFEE 日高店	046
Little Light Coffee ／ toha	072
A BEAN'S COFFEE ／ HIRAKU - ひらく -	108

特集　旅とカフェ

温泉街編	074

奈良屋 喫茶去／森田コーヒー／ShimaTerrace／
PLANTS & COFFEE ね／楽水楽山

絶景編	078

Sycamore Cafe Terrace ／ HUTTE HAYASHI CAFE ／
tas + minakami glamping park ANDo&CAFÉ ／
天空カフェ／キコリピッツァ

※この情報は2024年8月現在のもので、平常時のものを記載しています。新型コロナウイルス感染拡大の影響を含めて、営業日・営業時間、座席数や予約の必要など、営業内容を平時から変更している場合がございます。事前にご確認ください。
※メニューは特別な記載がない限り税込表示となります。
※料理の内容は撮影時のものです。季節やその日の仕入れによって内容が異なりますのでご了承ください。

📍 エリアマップ

01 薬膳や向新
02 SHIROIYA the LOUNGE
03 FLATTable coffee and meals
04 PISMO CAFE
05 初雪堂
06 Analog
07 Gabi's Cucina＆Caffé
08 HANADAN CAFE
09 cafe&marche nōfu
10 DAICON
11 Greenpoint by Bedford Cafe
12 ごずこん
13 1203
14 PYRAMID CAFE AND ROASTERY
15 SHIKISHIMA COFFEE STAND
16 BROWN WORKS COFFEE 日高店
17 つぐみ Books&Coffee
18 Don't tell anyone
19 食と器 ming
20 朝陽堂
21 えほんとカフェ
22 Book café ebisu
23 GASTERRO
24 Little Light Coffee
25 toha
26 奈良屋 喫茶去

27 森田コーヒー
28 ShimaTerrace
29 PLANTS & COFFEE ね
30 楽水楽山
31 Sycamore Cafe Terrace
32 HUTTE HAYASHI CAFE
33 tas＋minakami
　　glamping park ANDo&CAFE
34 天空カフェ
35 キコリピッツァ
36 曾根商店
　　白井宿カフェ焙煎所
37 tantan
38 Club Thierry
39 Quatre Café&Donut
40 café suave bis
41 FUIGO TATEBAYASHI
42 Niksen Kojo CAFE
43 A BEAN'S COFFEE
44 HIRAKU - ひらく -
45 伊東屋珈琲 高崎店
46 warmth／warmth 離れ
47 st cafe
48 cafe Kisetsu
49 いしづカフェ
50 Merci Cocon&Café

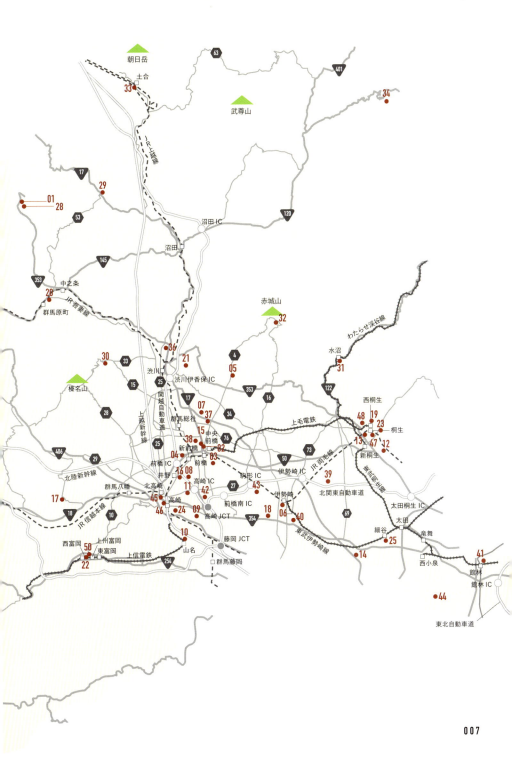

🍴 ごはんカフェ

ランチにディナー、おひとりさまで、カップルで、気の合う仲間と。それぞれのシーンにふさわしい、さまざまなスタイルのごはんカフェで、お腹も心も存分に満たしましょう。

■初雪堂（p.022-023）

009

01
ごはんカフェ
〈吾妻郡中之条

薬膳や向新
やくぜんやむかいしん

ごはんカフェ

上)「薬膳お粥セット」はお粥のほかに小鉢2つ、日替わりの薬膳茶が付いています。こだわりの塩とともに。左下)歴史を感じる木造家屋。周囲の木々の緑と赤い欄干が眩しい。右下)1階ではお土産用の薬膳茶をティーパックで販売。それぞれに効能も書かれています。

四万の湯で体を癒やし、薬膳で内側から健康に

　ジブリ映画「千と千尋の神隠し」のモデルの一つと言われる四万温泉の「積善館」。1694(元禄7)年に創業し、2024年に330年を迎えました。赤い橋を挟んで向かいにあるのが「薬膳や向新」です。かつて積善館の湯治宿だった建物を2020年に改修し、薬膳カフェとして蘇らせました。「四万の病を治すと言われる四万の温泉で体の外側を元気にし、薬膳で体の内側からパワーアップしてもらおうというコンセプトです」とスタッフの渡邉直也さん。

　川沿いに建つため、せせらぎの音を楽しみながら、5種の薬膳粥や薬膳スイーツ、薬膳茶をいただけます。薬膳とは、体が喜ぶ食事のことです。メニューごとに消化促進、精神安定、美肌など期待される効能が書かれているのが面白い。

　いちばん人気の「薬膳サムゲタン粥」は体の中から元気になりそうな一品。群馬の赤城鶏を使った旨味と滋味たっぷりのお粥です。幻の結晶塩といわれるピランソルトを少しずつ加えながらお召し上がりください。家庭でも薬膳サムゲタン粥を手軽に作れるよう、香辛料や材料を詰め合わせたキットセットも販売しています。

011

客席は1階と2階にあります。写真は1階。
大広間に、長テーブルと円型のテーブル席が
配置されています。

ごはんカフェ

薬膳スイーツも人気。手前は「薬膳クッキー」。黒い竹炭をまとったクッキーは香ばしく、やさしい甘さが口の中に広がります。

上）2階の窓からは豊かな緑を見渡せます。障子も風情があります。左下）「薬膳サムゲタン粥」は冷えや疲れが気になる方に。右下）奥はとろけるようにやわらかい「薬膳ぷりん」。手前は「甘酒と豆乳あたたかいお汁粉」。

　黒ゴマやナッツ、松の実などを使い、竹炭でコーティングした「薬膳クッキー」は体が喜ぶスイーツ。甘さ控えめで香ばしさ抜群です。薬膳茶は8種類ラインナップし、ポットで提供されます。お茶にもビューティー、モイスチャー、リラックスとそれぞれ効能が書かれているため、自分の体の状態を考えながらセレクトするのも楽しそうです。

　建物は100年以上の歴史があります。骨格はそのまま、フローリングや壁を塗り替えただけだと言います。黒光りする階段や梁もそのまま。そこにシンプルモダンな家具が配置され、

風情ある木目の階段を上って2階フロアへ。途中、黒い引き出し箪笥が飾られています。

ごはんカフェ

上）伝統と新しさが融合したカフェの入り口。白い暖簾がかかっています。入り口を入ると券売機があります。左下）ケースの中に入った薬膳茶。形状がよくわかります。右下）家庭でも手軽に作れる薬膳サムゲタン用のキット（1,490円）を販売。

昔と今が交わった心安らぐ空間になっています。

「夏は窓を開け放ち、川風で涼を取っていただくこともできます」と渡邉さん。時の流れが止まったようなゆったりしたカフェで、体にやさしい薬膳をいただいてはいかがでしょう。

スタッフの
渡邉直也さん

食で体の中を整える薬膳。日常生活は取り入れる機会が少ないと思います。ぜひカフェで体験いただければ…。お気に入りの薬膳茶を見つけたら、ティーパックのお持ち帰りセットもご用意しています。

MENU 薬膳サムゲタン粥 1,700円／薬膳ほうれん草＋そばの実粥 1,200円／薬膳クッキー 350円／薬膳ぷりん 380円／甘酒と豆乳あたたかいお汁粉 650円

DATA
㊟ 吾妻郡中之条町四万4236
☎ 0279-64-2101
⌚ 11:00-15:00 (L.O.14:30)
休 月〜木曜（祝日は営業）
席 30席　全席禁煙　予約不可
¥ カード可
🌐 https://yakuzenya.jp/
インスタグラムあり

ACCESS 中之条駅から北西へ約17km（車で約25分）

015

02
ごはんカフェ
〈前橋市〉

SHIROIYA
the LOUNGE

シロイヤ ザ ラウンジ

アートに囲まれた空間で美食を堪能
五感を満たす特別なひとときを

上）開放的な吹き抜け空間。左下）「白井屋バーガー（シングル）」（1,980円）。右下）自慢のタルトは芸術的な美しさ。「アメリカンチェリーのタルト」（1,000円／ドリンク付き1,200円）。

016

ごはんカフェ

©Shinya Kigure

左）ランチタイムにも楽しめる「アフタヌーンティー」（4,800円）。写真は春バージョン。右）老舗旅館をリノベーションした「ヘリテージタワー」と旧利根川の土手をイメージした「グリーンタワー」の2棟からなるアートホテル。

スタッフの
堀部奈保さん

宿泊以外のお客さまも気軽にご利用いただけます。アートと緑に囲まれた開放的な空間でゆったりと食事をお楽しみください。

　江戸時代創業の老舗旅館を再生し、2020年に開業した「白井屋ホテル」の1階にある「ザ・ラウンジ」。コンクリートの柱や梁がむき出しになった4層の吹き抜け空間にたっぷりとグリーンが配置され、足を踏み入れた瞬間、非日常の世界へと誘われます。

　席に着いたら天井を見上げてみて。柱の間を縫うように走る白いパイプは、アルゼンチンの現代美術家レアンドロ・エルリッヒの作品「ライティング・パイプ」で、夜には色が変わります。ほかにも国内外の著名なアーティストの作品が飾られ、気分はさながら美術館です。

　群馬県の食材を用いたメニューの中でも人気が高いのが、赤城牛100%パティの「白井屋バーガー」。つなぎなしの肉々しい食感で、ほんのり甘いホテルのベーカリーで焼いたバンズが溢れ出す肉汁をしっかり受け止めてくれます。ティータイムには、日本を代表するパティシエ延命寺美也氏が監修した宝石のように美しいフルーツタルトを。季節ごとに変わるアフタヌーンティーは、至福のひとときを演出してくれます。

かつてあったホテルの配管をイメージしたインスタレーション「ライティング・パイプ」。

MENU 白井屋バーガー 1,980円／季節のタルト 800円〜／白井屋オリジナルコーヒー 550円／クラフトコーラ 650円／白井屋 ザ・アフタヌーンティー 4,800円

DATA
- 住　前橋市本町2-2-15 白井屋ホテル1F
- TEL　027-231-4618
- 営　[モーニング] 7:00-10:30 (L.O.9:30) ※前日19時までに要予約
　　[ランチ] 11:30-15:00 (L.O.14:30)
　　[ティー] 15:00-17:00 (L.O.16:30)
　　[アートラウンジ] 17:00-23:00 ※宿泊の方は無料でご利用いただけます
- 休　年中無休
- 席　48席　全席禁煙　予約可
- ¥　カード可
- URL　https://www.shiroiya.com
　　　インスタグラムあり

ACCESS 前橋駅から北西へ約750m（車で3分）

FLATTable
coffee and meals

03
ごはんカフェ
〈前橋市〉

フラットテーブル コーヒーアンドミルズ

スペシャルティコーヒーの魅力を堪能
本物を味わいたい大人のためのカフェ

上）都会的な雰囲気漂う、シンプルでスタイリッシュな店内。左下）スパイス調合から手作りするカレーのランチセット。写真は「温玉のせキーマカレー」と「揚げナスのグリーンカレー」の2種盛り。右下）すっきりさわやかな味わいの後、旨味がじんわりと感じられる感動的な一杯。

ごはんカフェ

緑いっぱいの白亜の建物はリゾートのような趣き。

「コーヒーの本当のおいしさとすばらしさを心ゆくまで楽しんで欲しい」との思いで、2018年にオープン。コーヒーを愛する職人気質のオーナーが、世界中から選び抜いた農園のスペシャルティコーヒーだけを自家焙煎。浅めの焙煎でコーヒー本来のフルーティーな味わいを最大限に引き出し、豆それぞれに合わせた抽出法で"最高の一杯"を提供します。

コーヒーは味のイメージを"色"で紹介。色から味を想像し選ぶというユニークなオーダー法は、言葉での表現より直観的で、味わってみると「なるほど」と納得します。ラインナップは変わっていき、いつでも新しい味に出合えるのも魅力です。

"コーヒーを楽しむカフェ"にこだわり、フードやスイーツもコーヒーファースト。何度も試作を繰り返し、コーヒーに合う味作りを徹底しています。互いの味を引き立て合う相乗効果で、絶妙のコンビネーションを生み出します。

落ち着いた静かな空間で、スペシャルティコーヒーが織りなす豊かな時間を心ゆくまで堪能できる大人のカフェです。

左）季節のフルーツたっぷりのフレンチトースト。写真は、「河内晩柑のフレンチトースト」。右）色からコーヒーの味をイメージしてチョイス。

オーナーの橋爪好平さん（左）とバリスタの橋爪友幸さん

おいしいコーヒーと、コーヒーに合う料理とスイーツをご用意してお待ちしています。寛ぎの空間で、ゆっくりとお楽しみください。

MENU 週替わりカレーランチセット 1,650円〜／FLAT Tableバスクチーズケーキ 650円／クラシックプリン 650円／ベーコンバナナメイプルフレンチトースト 1,300円／色から選ぶハンドドリップコーヒー 600円〜

DATA
- 住）前橋市天川原町2-41-8 NIWA-ALK-D号室
- TEL）027-212-7239
- 営）11:00-18:00
- 休）金曜
- 席）16席　全席禁煙　予約可
- ¥）カード不可　電子マネー可（PayPayのみ）
- IR）インスタグラムあり

ACCESS 前橋駅から南東へ約2.5km（車で約10分）

04
ごはんカフェ
〈前橋市〉

PISMO CAFE
ピズモカフェ

経年変化が醸し出すシックな雰囲気と
開放感あふれる大空間で
手作りの味を

生い茂る緑越しのロゴが目印。

広々とした大空間に年代物のソファーが並び、ゆったりとした寛ぎの時間を満喫できます。

ごはんカフェ

左）「上州牛の粗挽き手ごねハンバーグ」のランチプレートは、5種類（トマト・デミグラス・グレービー・アンチョビ・きのこクリーム）から選べるソースもすべて自家製。「リコッタチーズのパンケーキ」にどっさりフルーツをトッピング。右）大きな鉄の扉が異空間への入り口。

　築50年の板金工場を、経年変化をそのまま生かしセルフリノベーション。カリフォルニアの「ピズモビーチ」をイメージした異国情緒漂う店内は、高い天井から降り注ぐ光のコントラストが美しく、開放感抜群の非日常空間が広がります。

　そんな特別な空間で味わえるのは、ソースやドレッシングまで手作りするフードやスイーツ、オリジナルドリンクの数々。「上州牛の粗挽き手ごねハンバーグ」は、朝、粗挽きした肉をオリジナルのつなぎで丁寧にこね、注文を受けてから焼き上げます。そのほか、生地から作るピザやヴィーガン対応のカレー、「ピズモバーガー」など豊富なフードメニューを用意。リコッタチーズをブレンドした生地をしっとりと焼き上げるパンケーキは、フルーツのトッピングもおすすめです。

　コーヒーは、世界大会「テイスターズカップ」入賞者が焙煎する、埼玉県東松山市の「コヤナギコーヒーニッポン」の豆を使用。自家製ジンジャーエールなどオリジナルドリンクも豊富で、ビールやワインなどのアルコールメニューもそろいます。

店長の戸塚結衣さん

こだわりの寛ぎ空間で皆さまをお迎えします。ワンちゃん連れでも、赤ちゃん連れでもOKです。その日の気分やお仲間に合わせて自由にお過ごしください。ウエディングパーティーや貸し切りもOKですので、お気軽にご相談ください。

MENU ピズモバーガー・ドリンク付き 1,738円／秋鮭のサーモンバーグステーキのランチプレート・ドリンク付き 1,958円／彩野菜のヴィーガングリーンカレー・ドリンク付き 1,683円／自家製ジンジャーエール 単品693円・セット363円／アメリカーノ 単品583円・セット143円

DATA 住 前橋市元総社町634-1　TEL 027-212-0161
営 11:00-22:00（L.O.21:00）
休 無休
席 60席　屋外喫煙可　予約可
¥ カード可　電子マネー不可
URL https://pismocafe.com　インスタグラムあり

ACCESS 新前橋駅から北西へ約1.6km（車で約5分）

021

初雪堂
はつゆきどう

05 ごはんカフェ
〈前橋市〉

赤城山麓の緑豊かな古民家カフェ
軽食から創作スイーツまでメニューは100種

上）繊細なおいしさ、「ローストビーフ丼」。左下）1階客席は大広間に掘りごたつ式のテーブル。右下）なめらかと硬め、2種のホイップクリームを使うスフレパンケーキ。

ごはんカフェ

「抹茶ティラミスパフェ」（写真左、995円）と「夜空のクリームソーダ」。

前橋市街地から赤城山へ県道4号線を北上していくと、右手に築150年の養蚕農家の家屋を使った大きなカフェが現れます。店内は2階建て。1階は掘りごたつになっている大広間で、2階はテーブル席の日本間が広がります。天井部分の黒光りした太い梁にも圧倒されます。

メニューを開くと定食や丼物から、創作デザート、個性派ドリンクまで約100種類がずらり。「お客さまの要望に応えていたら、いつの間にか品数が増えてしまって…」とサービス精神旺盛なオーナーの黒岩弘和さん。5月から9月までの限定で、富士山麓の水を自家製氷したかき氷も味わえます。

食事系のいちばん人気、「ローストビーフ丼」はミディアムレアの焼き具合と、醤油ベースとクリームベース、2種類のソースを合わせるのがおいしさの秘密です。

5種類がラインナップしたスフレパンケーキは時間をかけて低温でじっくり焼き、とろけるようなやわらかさ。なめらかなホイップクリームとともにいただきます。外に出ると草木の音や鳥のさえずり。心地良い時間を過ごせるカフェです。

代表取締役の黒岩弘和さん

「コロナ禍に癒やしの空間を提供したい」との思いで2021年4月にオープンしました。明かり取りの窓からは豊かな緑を見渡せます。春の桜、秋の紅葉も見事です。古民家の落ち着いた雰囲気の中で、ゆったりお寛ぎください。

左）2階はテーブル席が中心。大きな窓からは一面の緑が眩しい。右）前橋産の新鮮で大きな卵を2個使用する昭和のオムライス。とろりと半熟。

MENU ローストビーフ丼 1,545円／昭和のオムライス 1,295円／ハンバーグ（和風）1,445円／ハニースフレパンケーキ 1,145円／夜空のクリームソーダ 545円

DATA
- 住 前橋市富士見町赤城山1711-2
- TEL 027-289-9613
- 営 11:00-17:00（L.O.ランチ15:00 他16:30）
- 休 木・金曜
- 席 70席　全席禁煙　予約可
- ¥ カード可
- URL https://hatsuyukido.owst.jp/
- インスタグラムあり

ACCESS 赤城ICから南東へ約12km（車で約15分）

Analog
アナログ

06
ごはんカフェ
〈伊勢崎市〉

不思議な魅力が満載
アンティーク空間でいただく
タイ料理

知らずに通ると見過ごしてしまいそうな路地裏に佇む隠れ家カフェ。

アンティーク好きにはたまらない店内。インテリアを眺めながら過ごす時間も楽しい。

ごはんカフェ

左）「トムヤムクンラーメン」(990円)。デザートセット（+350円）のかき氷のシロップも手作り。右）1人でも気兼ねなく過ごせる席も。「マンゴースムージー」(638円)。

元々は自転車屋だったという古びた建物。扉を開けると、アンティークに彩られたおしゃれな空間が広がっています。ベッドのスプリングを再利用した壁の飾りや、カバーを外した柱時計など興味を引くアイテムの数々は、すべてオーナーが自分のアンテナに引っかかるものをジャンルレスに集めてきたそう。

空間もさることながら、この店いちばんの魅力は、好きが高じてタイまで料理を習いに行ったというオーナーが手がけるタイ料理。グリーンカレーのペーストや、パッタイに使うタマリンドソースまで手作り。本格的でありながら、タイ料理に馴染みがない人でもおいしく食べられるようアレンジされています。「トムヤムクンラーメン」は有頭エビの旨味たっぷりのスープに、レモングラスやコブミカンなどスパイスの風味が効いていて、最後の一滴まで飲み干してしまいます。夜は「ヤムウンセン」（エビとイカのピリ辛春雨サラダ）や「ガイヤーン」（タイ風焼き鳥）など、お酒のお供にぴったりのメニューがそろいます。

写真／レントゲン投影機で作った看板　コメント／オーナーの高庭さん

なるべく体にやさしい食材を選び、自分がおいしいと思うメニューを提供しています。

MENU ランチ（ガパオライス、パッタイなど5種類）990円／とりそば 1,078円／ヤムウンセン 1,078円／ラープガイ 748円／タレーパッポンカリー 1,078円

DATA
住　伊勢崎市三光町16-1
TEL　050-3575-9042
営　[ランチ] 11:30-14:30
　　[ディナー] 17:30-22:00（金・土曜は17:30-23:00）
休　火曜
席　20席　全席禁煙　予約可
　　カード不可
URL　インスタグラムあり

ACCESS 新伊勢崎駅から西へ約1.2km（車で約5分）

ルーマニア生まれイタリア育ち
ガビちゃんの故郷の味を

07
ごはんカフェ
〈前橋市〉

Gabi's Cucina & Caffé
ガビーズ クチナ＆カフェ

上）カウンターとテーブル席がある可愛いらしい店内。左下）肉厚のパプリカにジューシーなひき肉がたっぷりの「アルデイ・ウンプルーツ」はルーマニアの郷土料理。右下）手間暇かけて作るクルミの焼き菓子「ヌッチ」。

ごはんカフェ

左）トウモロコシの粉で作るママリガやソーセージ、スープを盛り合わせた「ルーマニアプレート」。右）気分が上がるクリスマスの飾りがあちこちに。

オーナー＆シェフの
ドミュトル・ガブリエラさん

地元の方々にルーマニアやイタリアの家庭料理のおいしさを伝えたくて、2021年12月にオープンしました。お昼はプレートランチ、夜はルーマニアワインもご用意しています。

　真っ赤な外観の店に入ると、サンタやトナカイの飾り付け。一年中、クリスマス気分を味わえるカフェです。「私の故郷、ルーマニアでは、クリスマスは家族が集まって楽しく食事をする日。そんなお店にしたくて」とシェフのドュミトル・ガブリエラさん。通称ガビちゃんがいつも笑顔で出迎えてくれます。

　メニューには県内ではほとんどお目にかかれないルーマニアの家庭料理やスイーツがずらりとそろっています。「料理上手な祖母や母から教えてもらった味です」。素材の良さを生かすため、既製品はほとんど使わず一から手作りします。ピクルスも地場の新鮮な野菜を、大きな瓶にたっぷり漬け込みます。

　名物は大ぶりな赤いパプリカに肉や米を詰めた「アルデイ・ウンプルーツ」。クルミの形の焼き菓子「ヌッチ」や手作りチーズをたっぷり練り込んだドーナツ「パパナシ」はルーマニアの定番スイーツだそう。エスプレッソとともにいただきます。初めて出合う料理なのに、どれもこれも日本人の味覚にぴったりマッチするから不思議です。その場に居るだけでハッピーな気分になれるカフェ、大切な家族や友人と出かけてみてはいかがでしょう。

大正用水沿いの赤い建物が目印。看板にはサンタのイラストがあります。

MENU　アルデイ・ウンプルーツ（パプリカの肉詰め）セット 2,500円／ルーマニア式ポークスペアリブセット 2,600円／ミティティ（3本） 1,600円／カノーロ 800円／パパナシ 800円

DATA
- 住 前橋市富士見町原之郷765-7
- TEL 090-1986-8622
- 営 12:00-15:00（L.O.14:30）、18:00-22:00（L.O.21:30）
- 休 月・火曜
- 席 26席　全席禁煙　予約可
- ¥ カード可
- URL https://gabis-cucina-caffe.com/
- インスタグラムあり

ACCESS　群馬総社駅から北東へ約6.5km（車で約15分）

HANADAN CAFE
ハナダンカフェ

08
ごはんカフェ
〈前橋市〉

季節の木の枝とドライフラワーが飾られたセンターテーブルは、グループでも一人でも寛げます。

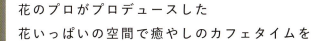

ごはんカフェ

花のプロがプロデュースした
花いっぱいの空間で癒やしのカフェタイムを

　"いつでも気軽に訪れて、ゆっくり花を楽しめる場所"を作ろうと、フラワーショップのオーナーが2017年にオープン。店内には、四季折々の木の枝やたくさんのドライフラワーが飾られ、訪れる人を出迎えます。花のプロが造り上げた空間は、どこから眺めてもフォトジェニック。華やかでありながら癒やしの雰囲気に満ちていて、植物たちが放つ清々しいエネルギーに包まれます。

　そんな寛ぎ感満点のカフェで味わえるのは、野菜たっぷりで栄養バランスもバッチリのヘルシーメニューの数々。肉料理やパスタ、カレーなどの手作り料理は、どれもうれしいサラダ付きです。水菜やルッコラ、ケール、サラダほうれん草などの野菜は、障害者支援などを行っているNPO法人から仕入れたもの。水耕栽培で育てるため気象の影響を受けず、年間を通しておいしい野菜が味わえます。また、主食には十五穀米や、食物繊維が豊富で低糖質なおからパンを用意。ヘルシー志向の人も安心して楽しめます。

　ガトーショコラやチーズケーキなどの手作りケーキ、パフェ、サクサク食感のワッフルなどのスイーツも充実。ランチ

店内の至るところにドライフラワーが飾られています。

029

左上）眺めているだけで心華やぐドライフラワー。左下）一人でも気軽に過ごせるカウンター席。右）「ピスタチオアイスとキャラメルナッツのワッフル」とハーブティーで、優雅なティータイムを。

のデザートとしてはもちろん、ゆっくり過ごしたいティータイムにも最適です。ドリンクは、特にハーブティーがおすすめ。レモングラスやペパーミントなどのシングルのほか、体のバランスを整える「地球ブレンド」や「デトックス」など、体調や気分に合わせて選べるブレンドハーブティーを用意しています。花いっぱいの空間で味わうハーブティーは、五感をやさしく癒やしてくれそうです。

17時30分からのディナータイムには、夜限定のメニューが登場します。パスタやステーキなど、季節に合わせた豪華な料理がテーブルをゴージャスに演出。酒類もあり、大切な友人

オーナーのセンスが光るフラワーベースも購入可能。

ごはんカフェ

上）ハーブチキンと野菜のキッシュ、スープとサラダを彩り豊かに盛り込んだプレート。左下）広い駐車場と緑の芝生が出迎えます。右下）隠れ家のような雰囲気漂うソファ席は時を忘れてゆっくり過ごせます。

や家族との時間、一人でゆっくり過ごすリフレッシュタイムなど、さまざまなシチュエーションで素敵な大人時間を満喫できます。フラワーショップも併設しているので、生花はもちろんカフェに飾られているドライフラワーの購入もOK。

オーナーの樋室進一さん

きれいなお花で演出した非日常空間でお待ちしています。花たちが与えてくれる潤いに満ちたエネルギーを感じながら、おいしい食事を味わう素敵な時間をお過ごしください。

MENU 本日のパスタ（サラダ付） 1,518円／本日の手作りカレー（サラダ付） 1,320円／手ごねハンバーグ（サラダ＋十五穀米orおからパン付） 1,628円〜／お野菜プレート 1,320円／鶏のから揚げ〜自家製ソース〜（サラダ＋十五穀米orおからパン付） 1,408円

DATA
- 住 前橋市川曲町20-6
- TEL 027-212-8622
- 営 11:00-21:00
- 休 火曜
- 席 テーブル席 32席　ソファ席 8席
  カウンター席 5席
  全席禁煙　予約不可
- ¥ カード可　電子マネー可（PayPay・aupayのみ）
- URL インスタグラムあり

ACCESS 井野駅から東へ約2.3km（車で約5分）

cafe&marche nōfu

09 ごはんカフェ 〈高崎市〉

カフェアンドマルシェ ノーフ

「限定麦豚ハンバーグのスープ仕立て」がメインのごはんランチセット。

ごはんカフェ

可愛いらしいトマトのキャラクター「トマトちゃん」が目印。

採れたて野菜たっぷりの農家直営カフェで心と体にエネルギーチャージ

　緑豊かな田んぼや畑が広がる一角に、可愛らしい佇まいの建物があります。それが、35年に渡って野菜を栽培し続けている柴崎農園が運営する野菜自慢のカフェ、nōfu。「とれたて野菜のおいしさをたくさんの人に味わって欲しい」と同農園の長女小林郁子さんが2022年に始めました。

　食事は、「ごはんランチ」と「高崎生パスタランチ」の2種類。どちらも最初に、10種類を超える野菜が入った彩り鮮やかなサラダが運ばれてきます。まずは野菜そのまま、その後は手作りドレッシングをかけて。ブラックペッパー、バルサミコ酢、オリーブオイルのシンプルな味付けで、それぞれの野菜の味わいや香りをしっかりと感じてみてください。

　ごはんランチのメインは3種類の野菜たっぷりのおかずから、生パスタはテイストの違う3種類からお好みで選べます。旬の素材が生きるよう、スタッフ皆で考案するごはんランチのおかずのメニューは、年間でおよそ10種類。その中で通年いただけるのは、「野菜のエビグラタン」です。野菜とプリプリのエビ、そしてハッシュドポテトも入っています。榛名産の牛乳を使用したベシャメルソースも手作り。ボリュームがあるのに、あっ

左上）ランチの「nōfuサラダ」。野菜がいちばんおいしい時期を見極めて収穫しています。左下）ティーはポットで、コーヒーはマグカップで提供。どちらもたっぷりなのがうれしい。右）カウンター席からはスタッフのきびきびした姿が見られます。

さりといただけるやさしい味わいです。パスタは、「パスタの街たかさき」に初めて誕生した生パスタ製麺所「Japastalia」の生パスタを使用。高崎産の小麦粉「きぬの波」でできた生パスタは「小麦の風味が生きていて、ツルンとした舌触りが特徴。スープにもよく合います」と小林さんは話します。

　ランチが終わると、お茶タイム。キャラクターの入ったマグカップで提供されるコーヒー、小林さんの友人が栽培する赤城村産のハーブティー、高崎の果樹園で作っている梨やプラムなどを使ったジュースも味わえます。人気は果物がぎっしり入ったパフェ。冬〜春はイチゴ、夏はメロンやシャインマスカット、

季節によって装いを変える「nōfuパフェ」。写真はイチゴ。

ごはんカフェ

上）明るい光が差し込む店内。大きな窓の外にはテラス席もあります。左下）ごはんランチで通年いただける「野菜のエビグラタン」。器は高崎高等特別支援学校の生徒作。右下）高崎生パスタランチのメイン。

秋は柿や梨がメインです。素材は、どれも「柴崎農園」を中心に生産者の顔が見える県内産。自然のおいしさと豊かさがエネルギーとなって、心と体の隅々まで満たしてくれます。

オーナーの小林郁子さん

「見かけたことはあるけれど食べたことのない野菜がいっぱい」「こんな風にお料理するとおいしいね」と喜ばれるのがうれしいですね。店内では、野菜やお弁当も販売しています。採れたてのおいしさを存分に味わってください。

MENU ごはんランチ 1,800円／高崎生パスタランチ 1,800円／コーヒー 330円／ティー 440円／nōfuパフェ 1,320円

DATA
- 住 高崎市柴崎町1642-2
- TEL 027-335-8207
- 営 11:00-17:00（ランチL.O.14:00、お茶L.O.16:00）予約優先
- 休 日曜、土曜・祝日は不定休
- 席 40席　全席禁煙　予約可
- ¥ カード可　電子マネー可
- URL https://shibasakinouen.com/no-fu/
  インスタグラム、フェイスブックあり

ACCESS 倉賀野駅から北東へ約2km（車で約5分）

10
ごはんカフェ
〈高崎市〉

DAICON
ダイコン

目の前に電車が見える居心地抜群のカフェで
カスタマイズできるドライカレーやドリンクを

上）10種類以上のスパイスを使って仕上げたドライカレー。左下）テーブル席、ソファー席などタイプの違ったスタイルの席がある2階。右下）子どもだけでなく大人が読んでもホッとする絵本がずらり。

ごはんカフェ

左）築およそ40年の民家をリノベーション。1階のカウンターからは行き交う電車が見られます。右）2階の柱には、ぶつかってケガをしないように配慮が施されています。

オーナーの丸永開久さんとスタッフの市川奈那子さん

人が集う場所を造りたいと思って、オープンさせたお店です。自分の家にいるようにゆっくり寛いで欲しいですね。ちょっと寄っておしゃべりを、という使い方も大歓迎。お待ちしています。

　安産・子育ての神社として知られる山名八幡宮前にある、カレーとエシカルなおやつがいただけるカフェ。東京・世田谷にある評判のカフェを経営していた丸永開久さんが、2021年にオープンさせました。1階は、目の前を電車が眺められるカウンターとテーブル席、2階はソファーやテーブル席があり靴を脱いで上がるスタイル。「ちびっこたちがごろごろできるよう」という丸永さんの温かさがにじみ出ている空間です。

　看板メニューは、「DAICONのドライカレー」。世田谷のカフェでも人気のメニューを、子どもから大人まで食べられるよう改良を重ねたオリジナルです。米は近隣の農家さんから玄米で仕入れ、毎朝店内で精米しているそう。艶やかで甘みと香りが違います。紅茶の豊かな香りとスパイスが効いたチャイもおすすめ。うれしいのは、カレーもチャイもカスタマイズが可能なこと。シナモン多め、ハチミツ少なめなどのオーダーに柔軟に対応してくれ、自分好みに仕上げてくれます。第2の我が家のように寛げる同店。一人でも、大切な人と一緒でも、何度も訪れたいとっておきです。

ふっくらしっとりのパウンドケーキ（手前）と、スパイシーな香りがクセになるチャイ。

MENU　DAICONのドライカレー 1,070円／チャイ 660円／パウンドケーキ 495円／気まぐれ定食 1,200円／気まぐれクッキー 400円

DATA
- 住 高崎市山名町1513-1
- TEL 027-388-0808
- 営 11:30-18:00（日曜・祝日は17:00まで）（L.O.閉店の1時間前）
- 休 木・金曜、不定休あり（祝日の場合は営業）
- 席 25席　全席禁煙　予約可
- ¥ カード可　電子マネー可
- インスタグラム、フェイスブックあり

ACCESS　山名駅から北へ約60m（徒歩で約1分）

037

11
ごはんカフェ
〈高崎市〉

Greenpoint by Bedford Cafe
グリーンポイント バイ ベッドフォードカフェ

日が落ちるとアメリカのロードサイドに残るダイナーらしさを一層感じさせる外観。

ニューヨークのダイナーを彷彿させる
開放感ある空間で
体思いの手作り料理を満喫

手前から時計回りに、ガーリックシュリンププレート、マルゲリータピザ、カフェラテ、リコッタパンケーキ。

ごはんカフェ

左）店内には、仕切りのあるボックス席、中2階のテーブル席などさまざまなタイプの席が用意されています。座る場所によって気分も変わります。右）外観もおしゃれ。外が眺められる席は人気です。建物の下も駐車場になっています。

高崎きっての人気店。いつ訪れてもスタッフがにこやかに対応してくれるので、終始心地良く過ごせます。

看板メニューは、スパイスを配合して作る自家製カレー、オーダーが入ってからメレンゲを立てて焼き上げるリコッタパンケーキ、ニューヨークで流行の全粒粉を使ったピザです。「素材本来の味わいを健康的に楽しんで欲しい」と化学調味料・着色料・保存料は可能な限り使わないそう。塩はミネラル分豊富な天日干しの天然塩、オイルは国内基準でトランス脂肪酸を一切含まないもの、野菜は契約農家や直売所から届く旬の県内産というこだわりがおいしさを生み出しています。

ティータイムは種類豊富なドリンクやデザートを。照明の照度が落ちて落ち着いた雰囲気が漂うディナータイムはナチュラルワインや自家製カクテルにおつまみを。時間帯によって異なる楽しみ方ができるのも注目したいポイントです。リラックスできるソファ席や仕切りのあるボックス席でゆっくりと。

店長の杉崎心菜さんとシェフの赤岡篤さん

日頃よりたくさんのお客さまにご利用いただき感謝の気持ちでいっぱいです。食材からこだわった自信あるメニューをより多くの方に知っていただけたらうれしいです。皆さまの思い出に残るお食事、心遣いでスタッフ一同、全力でおもてなしします！

MENU　ガーリックシュリンププレート 1,518円／リコッタパンケーキ（3枚） 1,408円／スペシャルティーコーヒー 440円〜／マルゲリータピザ 1,540円／ミートボールプレート 1,408円

DATA
- 住 高崎市西島町113-1　TEL 027-329-6110
- 営 11:30-23:00 (L.O. 22:00)　休 火曜（祝日の場合は営業）
- 席 120席　全席禁煙（喫煙所あり）　予約可
- ¥ カード可　QR決済可
- URL https://bedfordcafe.com/greenpoint
- インスタグラム、フェイスブックあり

ACCESS　高崎問屋町駅から南東へ約5.3km（車で約16分）

12 ごずこん

ごはんカフェ
〈桐生市〉

ノスタルジックな日本家屋で味わう
ダシから作るさまざまな家庭料理

上）時間の流れが緩やかに感じられる、落ち着いた雰囲気の店内。左下）味わい、栄養ともにバランスの良い「今週のランチ」。右下）季節らしさを取り入れた「食後のデザート」。

ごはんカフェ

人懐っこい看板犬のトイプードルのフランちゃん。掃き出し窓の前がお気に入りです。

　歴史ある店と個性豊かな新店が並ぶユニークな街並みに魅了され、都内から居を移した野崎さん夫妻。見つけた築約85年の日本家屋にセルフリノベーションを施し、古民家レストランへと生まれ変わらせました。店内は、昭和の装いと現代家具が調和した、レトロモダンな雰囲気。インテリア関連の仕事をしていたご主人の雄太さんのセンスが、随所に見受けられます。

　ゆったりとした時が流れる同店で堪能できるのは、かつて都内の料理学校で講師を務めていた奥さまの秀美さんが腕を振るう、さまざまなジャンルの家庭料理。調味料に至るまで、できるだけ手作りしているという手の込んだ料理は、どれもが滋味深く、心身を癒やしてくれるような、やさしい味わいです。同店のポリシーは、"この土地の、季節のおいしさを届けること"。休日には県内各所を移動し、お気に入りの食材を買い求めます。仕入れた食材は、「今週のランチ」やスイーツに様変わり。「ごま・だいず・こんぶ」の言葉を合わせた店名から連想されるような、健やかな料理でお客さまをもてなします。

左）手入れの行き届いた庭がある、風格ある日本家屋の前に置かれた昆布モチーフの店看板が親しみやすさを添えています。右）ゆっくりと落ち着ける和室もあります。

店主の野崎雄太さんと秀美さん夫妻

桐生市の街を散策する際にはぜひお立ち寄りください。

MENU 今週のランチ 2,000円〜

DATA
- 住 桐生市境野町2-766-1
- TEL 0277-66-9273
- 営 11:30-15:00 (L.O.14:00)
- 休 水・木曜
- 席 テーブル席 16席　全席禁煙　予約可
- ¥ カード不可
- URL https://r.goope.jp/gozcon/
  インスタグラム、フェイスブックあり

ACCESS 桐生駅から南東へ約3km（車で約8分）

041

ごはんカフェ
〈桐生市〉

1203
トゥエルブオースリー

カナダ料理と英語での歓迎に、
まるで海外旅行に来た気分！

左上）ミッドセンチュリースタイルの店内。左下）マシュマロ付きの「ホットチョコレート」。右）ボリューミーな「日替わりサンド」（写真手前）と「クラブハウスサンド」（写真奥）。

042

ごはんカフェ

みんなでシェアして楽しみたいドーナツ。焼き菓子はテイクアウトも人気です。

　わたらせ渓谷鐵道「下新田駅」から徒歩約10分のところにある少し小高い三角地に、カナダ出身のウィルさんと、妻のあつこさんが営むカフェがあります。通り沿いに看板はありませんが、昭和に建てられた近未来建築の建物が目印。店名が書かれたインダストリアルランプが置かれた場所が、同店の入り口です。
　ミッドセンチュリーなインテリアに、ボリューミーなサンドイッチ。まるで1950年代のアメリカのダイナーにタイムスリップをしたような、往年のアメリカ映画の世界に入り込んだような気分が堪能できます。店をこのテイストにした理由は、在日外国人に故郷を感じて欲しいから。留学先のカナダのレストランで6年間腕を振るってきたあつこさんが現地の味を再現し、ソムリエ資格を持つウィルさんが、笑顔でお客さまを歓迎します。「日本と外国のお客さま同士がもっと交流できるような場所にしたい」と、あつこさん。今後は、異文化交流が行えるようなワークショップも検討しているとか。同店が日本の"モルティカルチャー"の中心となる日も近そうです。

左）店のシンボルの羊がお客さまをお出迎え。気候の良い日はテラス席もおすすめです。右）冬には炎の揺らめきに癒される暖炉の前でカフェタイムを。

オーナーの
Wil Crothersさん

Please come to visit me, I would love to meet you.
See you soon.

MENU コーヒー（Hot／Iced）500円／カフェラテ（Hot／Iced）550円／自家製ジンジャーエール（Hot／soda）500円／グリルドチーズ 790円／グリルドチーズ・ベジ 870円

DATA
住　桐生市相生町1-119-5
TEL　0277-66-9488
営　［木〜土］11:00-19:00（L.O.18:00）
　　［日・月］11:00-17:00（L.O.16:00）
休　火・水曜、不定休あり
席　テーブル席 26席　全席禁煙　予約可
¥　カード不可
URL　インスタグラムあり

ACCESS 下新田駅から東へ約2.4km（車で約5分）

ごはんカフェ
〈太田市〉

PYRAMID CAFE AND ROASTERY

ピラミッドカフェ アンド ロースタリー

精進風料理と本格コーヒーでもてなす
これからの世代に開かれた"お寺カフェ"

上）やさしい味わいに癒やされる「精進風キーマカレープレート」。左下）流木の創作ツリーやドライフラワーが調和した空間。右下）自家焙煎のコーヒーに合う手作りスイーツ。

044

ごはんカフェ

家庭菜園で育てたイチゴを使ったスムージーなどドリンクも充実。

太田市にある寺院「明王院」に隣接した同店。店を営むのは、この寺の副住職である島田仁さんとデザイナー兼バリスタの青木秀蕗さん。島田さんが料理や豆を焙煎し、青木さんがコーヒーやお茶をサーブする、二人の呼吸が合ったカフェとなっています。寺の跡継ぎとして、お寺に用のある人ばかりでなく、若い世代の人でも、気軽にお寺や地域の歴史文化に触れられる場所作りを目指していた島田さん。青木さんとの出会いを経て、もともと得意だった料理と一息つける飲み物で、御先祖に思いを寄せたり、寺院散策をしたりと、思い思いの時間が過ごせる"お寺カフェ"を誕生させました。

自家農園で収穫したものや檀家さんからいただいた野菜、お米を使用した「精進風カレープレート」をはじめ、スイーツ、ドリンクなどこだわりのメニューは、どれも見た目にも美しく、島田さんと青木さんの丁寧な仕事ぶりがうかがえるものばかり。明るい光が降り注ぐボタニカルテイストの空間の中、体思いのメニューを前にやさしい時間が流れる店です。

左）カフェの隣は歴史ある「明王院」。店名の由来となったピラミッド型の「石造千体不動塔」は一見の価値があるので、ぜひお立ち寄りください。右）オーク樽で豆を熟成。ウイスキーの風味を楽しめる、ぜいたくな水出しコーヒー。

オーナーの島田仁さん（右）と青木秀蕗さん

明王院の副住職とバリスタの2人で営んでいます。ドライフラワーを飾った流木の創作ツリーが映える店内で、副住職の手作りデザート、バリスタの作るクラフトドリンクをお楽しみください。ランチはご予約がおすすめ。

MENU 本日のコーヒー(HOT・ICED) 400円／カフェラテ(HOT・ICED) 500円／自家製ジンジャーエール(ICED) 550円／カヌレ 240円／キッズミルク(HOT・ICED) 250円

DATA
(住) 太田市安養寺町200-3
(営) SNSで要確認
(休) 水・木曜、不定休あり(SNSで要確認)
(席) テーブル席 20席　室内禁煙
　　 食事のみ予約可
(¥) カード可　電子マネー可　QR決済可
(URL) https://pyramid.base.shop
　　 インスタグラムあり

ACCESS 木崎駅から南西へ約2.5km（車で約5分）

スペシャルティコーヒーでひと休み。

SPECIALTY COFFEE BREAK

vol.01

市街地のオアシスで「レッドブリックス」を味わう

かつて生糸で栄え、レンガ倉庫が点在する前橋の市街地に、レンガ造りのカフェが2022年に誕生。オリジナルブレンド「レッドブリックス」は程良いビター感と華やかな甘みを兼ね備えたコーヒー。店内で豆を挽き、エスプレッソマシンで抽出します。外はサクサク、中はしっとりの自家製スコーンとの相性ぴったり。緑豊かな「つどにわ」を眺めながらゆったりと過ごせます。

1. エスプレッソから作るカフェラテ（550円）。写真奥のドリンクは季節のコーディアル（650円）。 2. しののめ信用金庫前橋営業部の1階にあるカフェ。屋外にも販売窓口があります。 3. 人気の自家製スコーン（300円）は店内で毎日焼いています。 4. 2階の図書コーナーでもコーヒーを飲むことができます。

SHIKISHIMA COFFEE STAND

［前橋市］

住 前橋市千代田町2-3-12 1階　TEL 050-5480-5023　営 [月～土] 10:00-17:00 [祝日] 9:30-16:30
休 日曜　席 テーブル席 カウンター席 2階席　屋外席あり　全席禁煙　予約不可　カード可
URL https://shikishima.coffee　インスタグラム、フェイスブックあり

046

スペシャルティコーヒーでひと休み。

SPECIALTY COFFEE BREAK
vol.02

コーヒーとアメリカンベイクのおいしい関係

ほぼ毎日焙煎している新鮮なコーヒーと、約30種類のお菓子がそろうテイクアウト専門店。スパイスの効いた「キャロットケーキ」や、クリームチーズとフルーツをたっぷり混ぜ込んだ「ハワイアンスコーン」など、アメリカンスタイルの焼き菓子はコーヒーと相性ぴったり。「土屋文明記念文学館」にある群馬町店ではイートインもできます。

1.「バナナブレッド」(左360円)「ブルーベリーとクリームチーズのハワイアンスコーン」(中央390円)「キャロットケーキ」(右420円)など食べ応え抜群。「アイスコーヒー」(550円)。2.4.ショーケースには種類豊富な焼き菓子がずらり。つい目移りしてしまいそう。3.鮮度抜群のコーヒーは常時10種類がラインナップ。

BROWN WORKS COFFEE 日高店
[高崎市]

住 高崎市日高町1039-2　TEL 027-335-6789　営 10:00-17:30　休 火曜
席 テイクアウトのみ　店内禁煙　予約可　¥ カード不可　電子マネー可(PayPayのみ)　インスタグラムあり

047

ブック・雑貨カフェ

カフェは、本やアートとの相性抜群。ドリンクを楽しみながらオーナーがセレクトした書籍や絵本をめくったり、センスが光る雑貨を眺めたり。自分の世界が広がる喜びも味えます。

■GASTERRO (p.070-071)

17
ブック・雑貨
カフェ
〈安中市〉

つぐみ
Books&Coffee
つぐみブックスアンドコーヒー

本好きも、そうでない人も
心から満たされる
ブックカフェ

ブック・雑貨カフェ

左)「バナナブレッド」(400円)は軽くトーストしハチミツをかけていただくと美味(+100円)。"金色のつぐみ"という意味の「ゴールデンソルサル」は香りが良く飲みやすい。右上)カフェ内の至る所に本があり、表紙を眺めているだけでも楽しい。右下)周囲の景観と調和した落ち着きのある佇まい。

　安中市の国道から少し離れた、のどかな田園風景の中に佇む「つぐみBooks & Coffee」。「父が本の蒐集家で、本に囲まれて育ちました。小・中学生のころは、図書館に住むのが夢でしたね」と話すのは、店主の田中志野さん。司書として図書館で働いていましたが、「今まで本に興味のなかった人も、自然と本のある空間に親しんでもらいたい」と、本に囲まれて飲食やおしゃべりも楽しめるブックカフェを開きました。

　木の温もりあふれる店内は、ゆったりと席が配置され、至るところに本や雑誌が置かれています。書庫に入れば天井まで届く本棚に、お父さまが集めた約1万冊の蔵書がぎっしり。美術や建築をはじめ、料理、小説、紀行文、絵本までさまざまなジャンルの本が並びます。普段あまり本を読まない人でも、本棚を眺めるうちに、ふと興味を引かれる本との出合いがあるかもしれません。

　体へのやさしさにこだわった、おやつとごはんもこのカフェの魅力です。週替わりの焼き菓子や、季節のフルーツを使ったパフェなどおやつはすべて白砂糖・卵・乳製品不使用。バナナ

051

作り込みすぎないナチュラルな雰囲気が素敵な庭。周囲に遮るものがなく、遠くには妙義山などの山々を望むことができます。

ブック・雑貨カフェ

053

左上)「つぐみの手打ち蕎麦」(1,000円)は予約がおすすめです。左下)壁際の席は本の世界に没頭するのにうってつけです。右)圧巻の書庫。本の貸し出しや販売はしておらず「もっと読みたい本を見つけたら図書館へ、手元に置きたい本に出合えたら書店へ」と店主の田中さん。

ブレッドは自然な甘みとしっとりとした食感で、満足感がありながら軽やかな食べ心地です。

　ごはん担当はお母さまの祐子さん。1日8食限定の「つぐみの手打ち蕎麦」は喉越しが良く風味豊か。土鍋で炊いた玄米ごはんは、噛むたびにしみじみとしたおいしさが体に染みわたります。そばにおむすびやおいなりさんを組み合わせて注文する人も多いですが、セットメニューはありません。本当に食べたいものを、食べられる分だけ。自分のお腹と相談して、味噌汁1杯、おむすび1個から注文できます。

冬になれば庭にツグミが遊びに来ることもあります。

ブック・雑貨カフェ

上）バリアフリー設計なので車椅子やベビーカーでの来店も安心です。左下）「玄米と雑穀いなり」（120円）「まぜごはんいなり」（150円）。右下）近隣農家の新鮮な野菜の販売もしています。

店主の田中志野さん（左）とお母さまの祐子さん

誰もがホッと一息つける場所を目指しています。ゆっくりとした時間を過ごしてください。「本って良いものだな」と思ったら、図書館にも足を運んでいただけるとうれしいです。

オリジナルのブレンドコーヒーをはじめ、紅茶・緑茶・番茶・豆乳・果汁100％のストレートジュースなどドリンクの選択肢が多いのもうれしいポイント。お茶席風のお抹茶も人気です。

ひとり本を読みふける人あり、友人とおしゃべりを楽しむ人あり、テラスで庭をぼうっと眺めて過ごす人あり。訪れる人それぞれの"心地いい"にそっと寄り添ってくれるカフェです。

MENU お抹茶とお菓子のセット 800円／おむすび 350円〜／つぐみブレンド 500円 自家製梅ソーダ 500円／季節の果物のパフェ 800円

DATA
- 住 安中市下後閑1465-2
- TEL 027-381-8350
- 営 10:00-19:00（L.O.18:30）
- 休 水・木・金曜（臨時休業はSNSで告知）
- 席 テーブル席 10席 カウンター 4席 テラス 席7席 敷地内禁煙 予約可
- ¥ カード可
- URL https://select-type.com/s/293BooksandCoffee インスタグラム、ノートあり

ACCESS 安中駅から西へ約6.4km（車で約12分）

055

18
ブック・雑貨
カフェ
〈伊勢崎市〉

Don't tell anyone
ドンテル エニワン

高い天井が開放的な大空間に、壁一面の大きな窓から光が差し込む明るい店内。

ブック・雑貨カフェ

白亜の壁が緑の木々と青い空に映えます。

誰にも教えたくない特別な場所で
お気に入りの逸品に出合うカフェタイム

　訪れる人にとって"誰にも教えたくない、特別な場所"になりたいとの思いを店名に込めて、2024年3月にオープン。リゾートに建つヴィラのような白亜の建物の中は、真っ白の壁を大きな窓から差し込む光が明るく照らす開放的な空間です。奥行きのある店内にヴィンテージ家具などをゆったりと配置し、グループでも一人でも気軽に寛げるスペースが用意されています。

　そして、店内に並ぶのは、デザイナーのyurika akutsuさんが手掛けたアクセサリーや衣類、ホームグッズの数々。眺めているだけで心がワクワクするような、おしゃれな品ばかりです。特に、リングやネックレスなどのガラスのアクセサリーは、ハンドメイドの一点物。また、Don't tell anyone限定グッズもあり、カフェで使われている可愛らしいカップやグラスも販売されています。お気に入りを探しながら、ゆっくりとカフェタイムも楽しめる、ぜいたくな時間を過ごせます。

　カフェスペースで味わえるのは、敷地内の工房で手作りしているブラウニーやバナナブレッド、スコーンなどのスイーツ。何度も試作を重ね、絹のように滑らかな口当たりと濃厚な味

左上）Tシャツやバッグ、ソックスなど、上質な日常アイテムが並びます。左下）店のロゴが入ったTシャツなども。
右）プライベート感あふれる奥の空間は、一人でも気兼ねなく寛げます。

わいに仕上げた「バスクチーズケーキ」や、さっくりとした軽い食感でコーヒーの香りとキャラメルのやさしい甘さが絶妙な「コーヒーキャラメルミルクスコーン」など、ここでしか味わえないスイーツを提供します。これらはすべて小麦粉の代わりに米粉を使ったグルテンフリーで、ヘルシー志向の人も安心して楽しめます。

　コーヒーは、ブラジル産とエチオピア産の豆を高崎市の「warmth」が焙煎したオリジナルブレンド。モカのチョコレートソースは、オーツ麦のミルクを使ったオリジナルです。フルーツジュースは季節ごとに変わる味を楽しめます。子どもや

カフェで使用しているおしゃれなカップやグラスも購入できます。

ブック・雑貨カフェ

左上)「ホットラテ」と「アイスモカ」、「季節のフルーツジュース」(ブラッドオレンジ)。右上)「バスクチーズケーキ」は「今まで食べた中でいちばんおいしい」と好評の逸品。下)香ばしい香り漂うスイーツはすべてグルテンフリー。

ペットを連れての来店もOKで、ワンちゃんには、おやつも用意されているうれしいサービスも。休日のひととき、座り心地の良いソファでゆっくりと寛ぐ時間は、きっと心の栄養に…。

スタッフの
夏生さん(左)と咲紀さん

開放感あふれる心地良い空間で、ゆったりと落ち着いたカフェタイムとお気に入りグッズとの出合いをお楽しみください。ヘルシーなカフェメニューと、デザイナーが作るグッズを取りそろえてお待ちしています。

MENU コーヒーキャラメルミルクスコーン 600円／バスクチーズケーキ 600円／ラテ(ホット&アイス) 680円〜／モカ(ホット&アイス) 750円／季節のフルーツジュース オレンジジュース 750円

DATA
- 住 伊勢崎市韮塚町943-4
- TEL なし
- 営 11:00-18:00
- 休 不定休(インスタグラムで営業日を告知)
- 席 店内 20席　屋外 5席
　　全席禁煙　予約不可
- ¥ カード可　電子マネー可　現金可
- URL https://donttellanyone.stores.jp/
　　インスタグラムあり

ACCESS 伊勢崎駅から南西へ約5km(車で約12分)

059

19

ブック・雑貨
カフェ
〈桐生市〉

食と器 ming

しょくとうつわ ミン

ナチュラルで、アンティークで、少しオリエンタルな雰囲気が心地良い。

ブック・雑貨カフェ

鉄サビの無骨さとブルーグレーの上品さが相まった、スタイリッシュな店看板。

素敵な器とヘルシーな料理への出合い
サードプレイスで叶える至福なひととき

　地元の人々の生活に寄り添うローカル線「上毛電気鉄道」の始発駅である西桐生駅の北口に、一際目を引くレトロモダンな平屋の一軒家があります。家屋の周りにぐるりと庭木が植えられた佇まいは、まるで避暑地にある雑貨店のような雰囲気。入戸をくぐると、目の前にはカフェスペース、そして右手側にはたくさんの陶器が並べられたギャラリースペースがあり、北は北海道、南は沖縄まで、日本各地から取り寄せた15名の作家の作品が販売されています。これらはすべて、作陶を学んでいた経験のある店主が、日本全国から選りすぐったもの。「自分の好きなものを、人におすすめしたい」と集めた品々は、無駄のないシンプルさの中にも、作家さんたちの個性が其処かしこに表現されている、使い勝手の良いものばかりです。
　カフェの料理に使われる器も、店主の琴線に触れたお気に入り。愛着のある器に盛り付けられるのは、地元の有機野菜を使った週替わり料理や、素材に配慮して作る自家製スイーツなど、「どんなライフスタイルの人でも楽しめるように」と考えられたヘルシーメニューが中心です。数種類のスパイスを配合した「自家製ジンジャーエール」をはじめ、手間と愛情が込め

061

左上）ランチの内容は週替わり。写真は「チキンと季節野菜のココナッツミルクカレー」。左下）自家製スイーツの「スペルト小麦のマーマレードケーキ」と「mingブレンド1番」。右）陶器のほか、ガラス工芸もそろいます。

られた「食べた人が健康になれる料理」を用意。友人に依頼してブレンドしてもらう、オリジナルハーブティもその一つ。リラックス効果が期待できるさまざまなハーブを組み合わせた一杯を、穏やかな曲が流れる店内でゆっくりと味わえば、日々の疲れが癒やされリフレッシュされること受け合いです。

　同店では、常時販売されている工芸品以外にも、日常着や輸入雑貨など、着心地や素材感が優れた商品を手に取れる機会を定期的に設けて、商品とお客さまを橋渡し。毎年恒例となっている「ヂェン先生の美しい日常着展」や、イラン絨毯の展示会、北欧ビンテージ商品の展示会、取り扱い作家を招いた陶磁器の

数種のスパイスをブレンドして作った、すっきりさわやかな味わいの「自家製ジンジャーエール」。

ブック・雑貨カフェ

上）日本各地の作家の作品が並ぶ、カフェに併設されたギャラリー。個展も開催されます。左下）木の温もりあふれる建物に、白の縁取りが施された印象的な建物。木々に癒やされます。右下）可憐な器にマッチした、手作り粒あんと白玉の「白玉あずき」。

展示会など、2ヶ月に1度のペースで催しを開催。他にも、店主の心のおもむくままに、バラエティに富んだイベントが企画されます。

　今日よりも少し良い明日へとつながる丁寧な暮らし。その出発点は、こんな身近にありました。

写真／愛猫 フウ太くん
コメント／オーナーの水谷なおこさん

サードプレイスとして、心地良く過ごしていただけたらうれしいです。

MENU　スパイスチャイ hot650円 iced700円／Masakoさんオリジナルブレンドハーブティ 550円／自家製シロップのソーダ 550円／マグカップ 3,000円〜 花器 2,200円〜

DATA
- 住 桐生市小曽根町10-11
- TEL 080-8733-3246
- 営 12:00-17:00（L.O.16:30）
- 休 水・木曜、不定休あり
- 席 テーブル席 4席　カウンター席 2席　全席禁煙　予約可
- ¥ カード可（器購入者のみ）
- URL https://www.utsuwa-ming.com/　インスタグラムあり

ACCESS　西桐生駅から北へ約200m（徒歩で約3分）

063

20
ブック・雑貨
カフェ
〈吾妻郡東吾妻町〉

朝陽堂
ちょうようどう

江戸時代の建物をリノベーション
古本を手に静かな時の流れに身をゆだねる

上)右下)店内に並ぶ本はすべて自由に閲覧、購入ができます。左下)福祉作業所で丁寧にハンドピックされたコーヒー豆を使用したオリジナルブレンドコーヒー(400円)。おから入りの「ガレット・ブルトンヌ」(250円)はしっとりサクサク。

ブック・雑貨カフェ

昭和の書店時代に描かれた男の子のイラストが可愛い。愛称は「じろうさん」。

　1776（安政5）年に町の名主・山口家によって建てられ、戦前にはドイツ人の建築家ブルーノ・タウトが視察に訪れた総土蔵造りの建物。2003年まで町の本屋として親しまれていた「朝陽堂」が、2021年、古本・雑貨・喫茶・ギャラリーの店として新たなスタートを切りました。
　歴史を物語る真っ黒い梁(はり)や、灰色がかった土壁。カチコチ時を刻む柱時計の音と古本特有の匂いが、何ともいえない懐かしさを感じさせます。棚に並ぶのは、美術、文学、料理、郷土史、絵本など幅広いジャンルの古本。オリジナルブレンドコーヒーや近所の老舗和洋菓子屋「藤井屋」のガレットをお供に、読書に没頭できます。
　雑貨コーナーでは陶器やガラスの器、アクセサリーなど作り手の温もりを感じる品々を販売。2階のギャラリーでは、さまざまな作品展やイベントが不定期に開かれています。古き良き空間に魅せられた人々の新しい感性によって、朝陽堂は新たな歴史を刻んでいきます。

左）子どもからお年寄りまで誰もが心地良く過ごせる空間。右）大切に使いたくなる器や日用品がそろいます。

MENU　オリジナルブレンドコーヒー 400円／紅茶 400円／オレンジジュース 450円／ココア 500円／ガレッド・ブルトンヌ（ドリンクとセットで注文） 250円

DATA
- 住 吾妻郡東吾妻町大字原町444-2
- 営 070-2832-1531
  - [4〜11月] 木・金 10:00-16:00
  　　　　　　土・日 13:00-17:00
  - [12〜3月] 木・金・土・日 13:00-16:00
- 休 月・火・水曜
  臨時休業あり（インスタグラムで要確認）
- 席 12席　全席禁煙　予約可
- ¥ カード可
- URL https://choyodo-web.studio.site/choyodo
  インスタグラム、フェイスブックあり

オーナーの
山口純音さん

お店を始めてから新たな出合いがたくさんありました。地域の方々とお客さまに育てていただいているお店です。長い歴史を刻んできた空間で、静かなひとときをお楽しみください。

ACCESS　群馬原町駅から東へ約650m（徒歩で約9分）

21
ブック・雑貨
カフェ
〈渋川市〉

えほんとカフェ

自然と絵本とメディカルハーブが
心と体を解きほぐす
大人の癒やし空間

清々しい緑の木々に囲まれた三角屋根が目印。

高い天井と大きな窓が開放的な心地良い空間。壁一面に絵本が並びます。

ブック・雑貨カフェ

左）全粒粉と甜菜糖、純国産鶏もみじの卵など素材にもこだわった「窯焼きパンケーキ」と「季節のケーキ」の「キャラメルロール」。右）水を一切使わない「メディカルハーブカレー」は、まろやかでやさしい味わい。

　真壁ダムと愛宕山ふるさと公園に囲まれた自然豊かな環境に佇む、三角屋根のカフェ。店前のハーブ菜園を眺めながら入り口をくぐると、床や壁にふんだんに木材を使った開放的な空間が広がります。壁いっぱいに並ぶのは、さまざまなジャンルの絵本たち。700冊の蔵書の中から季節に合わせて展示替えし、どれでも自由に読むことができます。

　ここは、元パティシエでメディカルハーブコーディネーターの資格も持つオーナーが、"大人の癒やし"をテーマに2013年にオープンしたコンセプトカフェ。心地良い空間の中、ヘルシーでおいしいフードとドリンクを楽しめます。

　体調に合わせて15種類から選べる「メディカルハーブティー」は、自家菜園で栽培したハーブを使用。焼き上げてから一晩寝かせてしっとりやわらかに仕上げる「窯焼きパンケーキ」や、厳選した米・水・塩を使った「五穀がゆ」、スペシャルティーコーヒーなど、随所にこだわりが感じられます。心と体を解きほぐす、やさしいひとときを過ごしてみませんか。

オーナーの
近藤紳一郎さん

森の中にいるような心地良い空間と、おいしいヘルシーメニューをご用意しお迎えいたします。好きな絵本を開いて子どものころを懐かしむ時間を、お客さまの新しい1ページに加えてください。

MENU メディカルハーブカレー 900円／ハーブピクルスと五穀がゆ 900円／窯焼きパンケーキ 900円～／季節のケーキ 500円・ケーキプレート 950円～／メディカルハーブティー・ブレンドコーヒー 450円～

DATA
- 住 渋川市北橘町小室416-1　TEL 0279-26-3181
- 営 10:00-17:00（L.O.16:00）※売り切れ次第終了
- 休 火・水・木曜（店休日はケーキ教室などを開催）
- 席 12席　全席禁煙　予約可
- ¥ カード不可
- URL https://ameblo.jp/ehonto-cafe/
　インスタグラムあり

ACCESS 渋川伊香保ICから北東へ約15.6km（車で約17分）

22
ブック・雑貨
カフェ
〈富岡市〉

Book café ebisu
ブックカフェ エビス

気軽に訪れてホッと一息つける場所
昔懐かしい和空間で
絵本とともに

通りから一歩入った場所にひっそりと佇む
純和風の外観が目印。

懐かしい雰囲気漂う店内は高い天井が開放的。

068

ブック・雑貨カフェ

左）ベーグルサンドにシフォンケーキとドリンクが付いたランチセット。右）懐かしい絵本が並ぶ本棚から自由に選んで読むことができます。

「気軽に立ち寄って寛げる場所を作りたい」との思いで、オーナーの鈴木亜紅子さんが2011年に始めたブックカフェ。自宅の敷地内にあった古い味噌蔵を改装したカフェの店内は、キッチンを囲むカウンターと小上がりの座敷があり、昔懐かしい雰囲気の和空間です。座敷の本棚には、鈴木さんがお子さんのために買い求めたものや改造時に見つかったもの、合わせて約250冊の絵本がぎっしり。自由に手に取ってゆっくり読むことができます。

そんな寛ぎムード満点のカフェでは、鈴木さんが素材から厳選したパンやシフォンケーキ、マフィン、焼き菓子などが楽しめます。生地は北海道産の小麦粉を使い、自家製酵母で8時間かけてゆっくり発酵。平飼いの鶏の卵や地元産無農薬栽培の野菜など、こだわりの食材で作るベーグルサンドは、厚切りベーコンの香ばしさとチーズや卵のコクが、小麦が香るベーグルと絶妙のコンビネーションです。また、旬のフルーツなどを使った自家製ジュースも季節ごとに登場します。フードメニューはテイクアウトもOK。営業日はSNSで発信しているので訪れる際はチェックを。

オーナーの
鈴木亜紅子さん

気軽に立ち寄って、絵本と一緒にゆったりとした寛ぎ時間をお過ごしください。

MENU　ランチセット（ベーグルサンド・シフォンケーキ・ドリンク）　1,000円／シフォンケーキ　カット 230円〜　ホール 1,600円（3日前までに要予約）／ベーグル 230円〜／焼き菓子 200円〜／コーヒー・紅茶　400円

DATA
(住) 富岡市富岡1118　(TEL) 080-5444-6956
(営) 12:00-16:00　(休) 不定休※SNSで告知
(席) 座敷 8席　カウンター席 2席　全席禁煙　予約可
(¥) カード不可　電子マネー不可
(URL) インスタグラム、フェイスブックあり

ACCESS　上州富岡駅から南西へ約800m（車で約2分）

069

23
ブック・雑貨
カフェ
〈桐生市〉

GASTERRO
ガステロ

特別な空間が、日常になるように
旅の出発点となる夢と出合いが待つ空間

上）メインテーブルのほか、さまざまな席を用意。思い思いの時間を過ごせます。左下）クラフトビールと相性抜群の「フィッシュ＆チップス」。右下）鉄工所を店舗に再利用。

ブック・雑貨カフェ

手漕ぎ船をリメイクした照明。旅を彷彿させるインテリアにも注目。

「旅、フィールドワークをもっと日常生活へ」をテーマに、アパレルからライフスタイルすべてを、独自の視点で提案するセレクトショップ「Purveyors」。鉄工所として長く使われていた開放的な大空間を、建物の持つ空気感を生かしながら、程良く手を加え、アウトドアギアの販売をメインにオープン。その後、3階にアパレルフロア、1階にはクラフトビールのブルワリー「FARCRY BREWING」と次々に展開。「GASTERRO」もまた、その中の一店として誕生した、カフェレストランです。

建物の天井まで吹き抜けのある空間は、世界を旅してきたオーナーが集めてきた家具やインテリアによって、懐かしくも異国情緒あふれる雰囲気に演出。「調達人や御用達を意味する『Purveyors』。私たちの提案する商品が、お客さまの御用達となり『GASTERRO』で、おいしい料理と飲み物を囲みながら、次の旅の計画を立ててもらう。そんなふうに利用してもらえたら」とスタッフの村田伊吹さんは話します。新たな旅と出合いに思いを馳せながら、心地良い時間を過ごしてはいかがでしょう。

スタッフの村田伊吹さん（右）とサオリさん

"旅"をコンセプトにした店内には、旅本も多く用意しています。こだわりの料理や本格コーヒー、併設されたFARCRY BREWINGのクラフトビールを楽しみながら、これから始まる旅の計画に心躍るひとときをお過ごしください。

左）世界基準のエスプレッソマシーン「ブラックイーグル」を採用。豆は「ラテアートワールドチャンピオンシップ」で優勝した澤田洋史さんの豆を使用。右）旅の計画をじっくり語らうにふさわしい、寛ぎのソファ席。

MENU "ムルグ・マカニ"バターチキンカレー 1,200円／旅する唐揚げ定食 1,100円／溶け出すバスクチーズケーキ 700円／グリーンカモフラージュラテ 650円／自家製クラフトコーラ 650円

DATA
- 桐生市仲町2-11-4 Purveyors 1F　☎0277-32-3446
- ［水～土］11:00-22:00
  （フードL.O.21:00、ドリンクL.O.21:30）
  ［日］10:00-19:00
  （フードL.O.18:00、ドリンクL.O.18:30）
- 月・火曜
- カウンター席　テーブル席　70席
  室内禁煙（1階店外に灰皿あり）　予約可
- カード可　電子マネー可
- インスタグラムあり

ACCESS 桐生駅から東へ約900m（徒歩で約15分）

スペシャルティコーヒーでひと休み。

SPECIALTY COFFEE BREAK

vol.03

> 人々が集う光あふれる空間でバリスタが淹れるコーヒーを

「おいしいコーヒーを通じて人と人が繋がる空間を造りたい」とのオーナー夫妻の思いが伝わるフレンドリーなカフェ。バリスタのアメリカ人オーナーが、選び抜いた豆を丁寧に焙煎し、それぞれに合う道具と淹れ方でドリップ。華やかな香りと清々しい味はまさにスペシャル。アメリカ人パティシエ特製のサンドイッチやスイーツも美味。

1. オーナーのジョサイア・ヘンダーソンさんのコーヒーは今も進化を続けています。 2. 朝は「モーニングサンドイッチ」や「ほうれん草のキッシュ」など、アメリカンブレックファストを味わって。 3. アメリカンスタイルの店内では、訪れた人たちが極上のコーヒーと交流を楽しんでいます。 4. 人々が集う地域の憩いの場です。

Little Light Coffee
[高崎市]

住 高崎市上中居町418-1　TEL 080-1985-4324　営 [火〜金] 9:00-18:30 [土] 9:00-19:00
休 日・月曜　席 22席　全席禁煙　予約可　¥ カード可　電子マネー可
URL https://www.littlelightcoffee.jp/　インスタグラム、フェイスブックあり

スペシャルティコーヒーでひと休み。

SPECIALTY COFFEE BREAK

vol.04

足踏みオルガン奏者であり、音楽家でもある店主。日暮れとともに訪れる、やわらかな空気とやさしい音楽に包まれながら味わえる同店のコーヒーは、飲みやすさを大切にした自家焙煎珈琲。さまざまな豆を、常にフレッシュな状態で提供できるよう、少量ずつ焙煎され、その時々でゲストに合った一杯をセレクトしてくれます。

やさしい音色と
一期一会のコーヒー

1.月の満ち欠けによって生クリームの分量が変わる「満ち欠けコーヒーゼリー」。ゲストに合った一杯を選んでくれる「あなたへのおすすめ」とともに。2.淹れたてを提供する店主。3.小型の焙煎機で少量ずつ焙煎。4.昔懐かしいオルガンが置かれた店内。BGMには時折、店主が作曲・演奏したオルガンの曲が流れることも。穏やかな空間で、心癒やされるカフェ時間を過ごせます。

toha
［太田市］

㊟ 太田市細谷町1179-4 1F　㊡［火・土］17:00-20:00 ※変動あり インスタグラム要確認
㊡ インスタグラム要確認　㊡ カウンター席8席　全席禁煙　予約可
㊟ カード使用不可　電子マネー使用不可　㊄ インスタグラムあり

旅とカフェ [温泉街編]

カランコロンと下駄の音を響かせ、温泉地散策。
その途中に見つけてふらりと立ち寄る…だけではもったいない、
訪れることを目的にしたい温泉街の極上カフェをご紹介します。

ShimaTerrace

奈良屋 喫茶去

③ ④ PLANTS & COFFEE ね

② ①

森田コーヒー

⑤ 楽水楽山

074

旅とカフェ［温泉街編］

奈良屋 喫茶去

老舗旅館併設のカフェで浸る和の世界

「みんなで選ぶ 温泉大賞」で15年連続して横綱に輝いた草津温泉。その草津温泉の顔である湯畑近くにある老舗旅館「奈良屋」に併設された「喫茶去」は、宿泊客でなくても立ち寄れるうれしい存在です。抹茶茶碗で提供されるカフェオレや、濃茶をかけていただく「コーヒーゼリーアフォガード」など、和のテイストを感じられるのが魅力。散策の合間に立ち寄るだけではもったいない、同店目当てに行きたくなる素敵なカフェです。

DATA
- 吾妻郡草津町草津396 奈良屋内
- 0279-88-2311
- 10:00-18:00
- 不定休
- 14席　全席禁煙
- カード可　QRコード決済可
- https://www.kusatsu-naraya.co.jp/facilities/index.html

上）奈良屋の玄関口に向かって右手にあります。赤い和傘が目印です。左下）サイフォンで淹れたコーヒーを使ったカフェオレは抹茶茶碗で。右下）「コーヒーゼリーアフォガード」。濃茶をかけると、ふわふわの綿あめがすーっととろけます。

サイフォンでコーヒーを淹れるところや、水出しコーヒーが8時間もの時間をかけて抽出される様子が目の前で見られます。

2 森田コーヒー

散策途中にサイフォンコーヒーでホッと一息

ちょっぴりレトロなサイフォンで淹れるコーヒーはすっきりとした味わい。「1126（いいふろ）」「932（くさつ）」など草津温泉にちなんだネーミングもユニークです。ナポリタンやドライカレーなど喫茶店風のメニューも人気。朝8時から夕方6時までの通し営業で、モーニングから遅めのランチ、散策の合間のカフェタイムまで、さまざまなニーズに応えてくれます。

DATA

- 住) 群馬県吾妻郡草津町草津454-6
- 営) 8:00-18:00（L.O.17:30）
- 休) 不定休（インスタグラムで確認）
- 席) 20席　全席禁煙
- ¥) 予約不可　カード可
- URL) インスタグラム、Xあり

上）明るさと落ち着きが共存する店内。左下）サイフォンで淹れる様子は見ているだけでも楽しい。右下）草津温泉の新名所「温泉門」のほど近くに2022年オープン。

3 ShimaTerrace

四万ブルーの川のほとりで極上の味

温泉街の風情と四万川沿いの美しい景色を眺めながら、手作りの味を楽しめるカフェ。2階席やテラス席もあり抜群の開放感の中で味わえるのは、県産食材を使い石窯オーブンで焼く手打ちピザやバスクチーズケーキをはじめ、低温長時間発酵で3日かけて仕込むパン、自家焙煎スペシャルティコーヒーなど、こだわり抜いたメニューばかりです。

DATA

- 住) 吾妻郡中之条町四万4237-43
- TEL) 080-4155-0193
- 営) 11:00-18:00（L.O.17:30）
- 休) 火曜
- 席) 店内22席　テラス席10席（ペット可・ワンちゃんメニューあり）
- ¥) 全席禁煙　予約可
- URL) カード可　電子マネー可
  https://www.40000terrace.com/
  インスタグラム、フェイスブックあり

上）県産マイタケやベーコンなど具材たっぷりのピザ「シマテラス」と濃厚な味わいのバスクチーズケーキ。左下）壁一面の窓からは四季折々の美しい景色が広がります。右下）川沿いに建つスタイリッシュなカフェ。

旅とカフェ ［温泉街編］

♨ 4　PLANTS & COFFEE ね

あふれるグリーンに癒やされる隠れ家カフェ

デザイナーと建築士のご夫妻が、築60年の元美容室を見事にリノベーション。1階はプランツショップ、2階はカフェに蘇らせました。入り口がメインの道路に面していないため、隠れ家のような特別感にワクワク。至るところにグリーンを配した癒やされカフェ空間では、コーヒーのほか、こっくりとした味わいのアイスクリームを乗せた「クラシッククリームソーダ」がいただけます。

DATA
- 🏠 利根郡みなかみ町湯宿温泉540
- ☎ 050-3574-7029
- 🕙 10:00-18:00
- 🚫 木曜、不定休あり
- 💺 1F 2席　2F 10席　全席禁煙　予約可
- 💴 カード可　電子マネー可　QRコード決済可
- 🔗 https://ne-yujukuonsen.com/
  インスタグラムあり

左上）友人のパティシエによるチーズケーキ。レモンカードのさわやかな酸味がコーヒーに良く合う。右上）建物を回り込むようにして進むと入り口を発見。下）1階では、奥さまが愛情たっぷりに育てたプランツを販売しています。

♨ 5　楽水楽山

伊香保石段街のとびきり上質な空間

木目を多用した空間に北欧の巨匠、ハンスウェグナーのYチェアが並びます。壁には気鋭の書家、山本尚志の作品「ほし」。伊香保石段街の雑踏とは切り離された静かで上質なカフェです。
コーヒーは高崎市の「トンビコーヒー」と共同し、オリジナルブレンドを2種ご用意。5種類の自家製スイーツや群馬の梅を使った梅ジュースもおすすめです。

DATA
- 🏠 渋川市伊香保町伊香保45
- ☎ 0279-72-3355
- 🕙 9:00-18:00（カフェタイム）、18:00-24:00（バータイム）
- 🚫 不定休
- 💺 27席　全席禁煙　予約不可
- 💴 カード可
- 🔗 https://www.jinsentei.com/
  cafe_bar.html
  インスタグラムあり

上）2004年に、老舗旅館「千明仁泉亭」の1階にオープン。左下）コーヒー（700円）は苦みのあるタイプ、酸味のあるタイプの2種。スイーツ人気No.1は写真手前のほろ苦プリン（550円）。右下）窓際のカウンター席からは上州の山並みが見えます。

077

旅とカフェ [絶景編]

吸い込まれそうな清流、季節によって装いを変える山々、千草色の水をたたえた湖。心を奪われるほどの絶景が、目や心のごちそうになるとっておきのカフェをご紹介します。

3 tas+minakami glamping park ANDo&CAFÉ
4 天空カフェ
5 キコリピッツァ
HUTTE HAYASHI CAFE
2 Sycamore Cafe Terrace
1

078

旅とカフェ［絶景編］

Sycamore Cafe Terrace

喧騒とは無縁の"整う"非日常空間へ
ふらりと日帰りショートトリップ

「関東の駅百選」に選ばれたわたらせ渓谷鐵道・水沼駅を下車したところに2024年にオープンした「サウナの森 水沼ヴィレッジ」。本格薪サウナや天然地下水の水風呂が楽しめる同所には、グルメエリアが併設されています。ゆったりとした時間を過ごしたい時には、地元養鶏場の卵を使った料理やスイーツが味わえる「Sycamore Cafe Terrace」へ。ランチ、カフェタイムともに充実したメニューが魅力です。

DATA

- 住 桐生市黒保根町八木原宮原579-1　TEL 0277-46-6679
- 営 10:00-17:00 (L.O.16:30)
  ※シーズンに応じて営業時間の変動あり
- 休 無休
- 席 テーブル席 75席
  ※テラス席のみペット可
  全席禁煙（喫煙エリアあり）　予約可
- ¥ カード可
- URL https://mizunuma-village.jp/gourmet/cafe/
  インスタグラムあり

上）渡良瀬川の渓谷が望める豊かな自然が魅力。左下）群馬県産の新鮮卵や米粉、最高級バニラビーンズを使用した、ふわふわ食感の「季節のパンケーキ」。右下）約20時間煮込んだ牛肉がやわらかな「ビーフシチューオムライス」。

古材を活用した温もりあふれる空間。海外のリゾート地に来たような、非日常を味わえる。

079

2 HUTTE HAYASHI CAFE

赤城山の恵みを五感で楽しむ

赤城山の自然に包まれて、のんびり過ごせるカフェ。市街地より気温マイナス10℃と夏でも涼しく、霧氷に覆われた幻想的な風景は冬のお楽しみです。赤城山で育った「福豚」のソーセージを使ったホットドックや新鮮野菜のサラダなど、料理にも自然の恵みがたっぷり。覚満淵の遊歩道入り口に程近く、テイクアウトして散策を楽しむのもおすすめです。

DATA

- (住) 前橋市富士見町赤城山1　(TEL) 027-283-2983
- (営) 11:00-16:00
- (休) 急遽休みの場合あり
  5月中旬〜11月中旬　金・土・日・祝日のみ営業
  11月中旬〜5月中旬　土・日・祝日のみ営業
- (席) テーブル席 25席　テラス席 4席
  全席禁煙　予約不可
- (¥) カード可
- (URL) https://hutte.akagi-venture.jp/cafe/
  インスタグラムあり

上) 県立赤城公園ビジターセンター内のカフェ。左下) テラス席はワンちゃん連れもOK。右下) 福豚の旨味が凝縮されたジューシーなソーセージが主役。「チリドッグ」(1,200円)。

3 tas + minakami glamping park ANDo&CAFÉ

みなかみの四季の森と清流を受けながら

特等席は湯檜曽川のせせらぎが心地良く響くウッドデッキ。目の前には、若緑、万緑、紅葉、雪と季節によって装いを変える湯檜曽の森が広がります。自然からの贈り物を体いっぱいに受けながら、ドリンク、フード、デザートと多彩な料理を。どれも手作りでボリュームたっぷり。グランピング施設に宿泊するとライトアップされた景色も楽しめます。

DATA

- (住) 利根郡みなかみ町湯桧曽218-20　(TEL) 080-2659-9189
- (営) 10:00-16:00　(休) 火・水・木曜 (祝日の場合は営業)
- (席) 14席　デッキ席 18席　テラス席ペット可
  全席禁煙　予約不可
- (¥) カード可　電子マネー可　QR決済可
- (URL) https://sites.google.com/view/tas-minakami/ando-cafe
  インスタグラムあり

上) 店内からもこの絶景。晴れた日はデッキへ。左下) 谷川の水を使用した「谷川岳コーヒーゼリー」。スイーツはチーズケーキも好評。右下) いちおしは「欧風ビーフカレー」。「水月夜」の極上米と一緒に召し上がれ。

旅とカフェ［絶景編］

4 天空カフェ

爽快感満点！高原のカフェタイム

丸沼高原スキー場のロープウェイ山頂駅を降りると、標高2,000メートルの絶景を背景にオープンエアの開放的なカフェが迎えます。澄み渡る空気の中、ホットドッグやアップルパイ、シフォンケーキなど、手作りの味を楽しみながら爽快なカフェタイムを。オープンは期間限定。初夏の新緑、夏の深緑、そして秋の紅葉と、360度に広がる大自然の美しさを全身で満喫できます。

DATA
- 住 利根郡片品村東小川
- TEL 0278-58-2211（丸沼高原）
- 営 6月～10月中旬のみ営業
  10:00-16:00（L.O.15:30）
- 休 不定休（ウェブサイトで告知）
  ※毎年6月～10月まで営業
- 席 42席（全席屋外）　全席禁煙　予約不可
- ¥ カード可　電子マネー可
- URL https://www.marunuma.jp/green/cafe/
  インスタグラム、フェイスブックあり

左上）地元産リンゴのアップルパイやふわふわのシフォンケーキはすべて手作り。フレーバーソーダは、グリーンアップルやレモンジンジャーなど10種類。右上）ジューシーなソーセージとたっぷり野菜が食べ応え満点のホットドック。下）空に手が届きそうな天空のテラスで爽快なカフェタイムを。

5 キコリピッツァ

きれいな空気で満たされる森の中で
本格ナポリピッツァ

浅間山の北麓に位置する北軽井沢に広がる8,000坪にも及ぶ「ルオムの森」。木々の葉が風にそよいでやさしく歌い、小鳥のさえずりが響く美しい空間です。この森の中でいただけるのが、焼き立てナポリピッツァ。ブレンドした4種類のイタリア産の小麦粉と北軽井沢の湧き水で練った生地を、地元の薪を使ってふわふわもちもちに焼き上げます。ベースはトマトかチーズ。お供には、本格的なエスプレッソや自家製レモネードを。

DATA
- 住 吾妻郡長野原町北軽井沢1984-239
- TEL 0279-84-1733
- 営 11:00-（L.O.14:30）
- 休 火・水・木曜（祝日の場合は営業）
- 席 100席　全席禁煙
- ¥ カード可　電子マネー可　QR決済可
- URL https://luomu.jp/pizza/
  インスタグラムあり

上）テラス席からも眩しいほどの緑が望めます。食後は、鳥のさえずりを聞きながら散策を。左下）自家製のモッツァレラチーズをたっぷり使ったマルゲリータ。もちもちとした生地も美味。右下）大正時代に造られた洋風邸宅をリノベーションした店舗。

081

おやつカフェ

「おやつ」という言葉は、やさしくて温かくて、ワクワク感が詰まっています。幸せで満たされた気持ちになれるおやつカフェ。自分へのご褒美としてもおすすめです。

■いしづカフェ (p.122-125)

083

曾根商店
白井宿カフェ焙煎所

そねしょうてん　しろいじゅくかふぇばいせんじょ

36

おやつカフェ
〈渋川市〉

おやつカフェ

市場町に香る芳ばしいコーヒー
築100年超えの古民家で味わう

　江戸時代は白井城の城下町として、城が取り壊された後は市場町として栄えた「白井宿」。約800mの水路沿いに古い町屋や井戸、石碑が建ち並び、4月下旬には遅咲きの八重桜100本が花開きます。3度の大火を乗り越え、今も風情ある街並みを残しています。

　その一角にある「曾根商店 白井宿カフェ焙煎所」。白い壁と木目が趣深い木造家屋です。詳しい築年数は不明ですが、「100年は軽く超えています。質屋を営んでいた先祖が残してくれた建物を、当時の姿のまま改修しました」と店主の曾根真志さん。大学卒業後、家業のコンニャク製造会社に勤務しましたが、「コーヒーとカフェが好き。いつかは自分の店を持ちたい」という夢を叶え、2021年4月にオープンしました。家業とカフェを兼務する忙しい毎日を送っています。

　店内は年期の入った壁や太い柱が美しく磨き込まれています。大きな土間にはシンプルシックなカフェカウンターが設置され、横には畳の間が広がります。ちゃぶ台や黒電話、アンティークなソファなど昔懐かしい調度品の数々。見上げると天井にはドライフラワーを使ったアーティスティックなシャンデリア。

上）木目の美しいカフェカウンター。左下）風情のある白井宿を散策しながら立ち寄りたいカフェ。右下）コーヒーとチーズケーキ。ケーキは素材にこだわり丁寧に手作りされた上質な味わい。

おやつカフェ

入り口を入り、右手には広縁のある畳の間が広がります。広縁にはソファとテーブル、畳の間にはちゃぶ台と座布団。好きな席を選んで、自分だけの時間を楽しめます。

左上)真っ白な制服のスタッフが一杯一杯心を込めてコーヒーを提供。左下)まろやかなカフェラテと、温かみのある味わいのガトーショコラ。右)磨き込まれた板戸と廊下。そこにドライフラワーが彩りを添えます。

現在と過去が交わる空間は、とても居心地の良い空気感を感じます。動かなくなった柱時計とともに、時間の感覚を忘れてしまいそう。

店の一角には焙煎所があり、2台の焙煎機を駆使し、浅煎りから深煎りまで常時6〜7種類を販売しています。その中から飲みごろの3種類をピックアップし、イートインで提供しています。1種類だけ常時置いているのはオリジナルブレンド「褻」。"晴れ"は儀礼や祭、年中行事などの"非日常"に対し、"褻"は普段の生活"日常"を意味する言葉です。「毎日でも飲み飽きない、落ち着いたバランスの取れたコーヒーです」と曽根さん。

屋根の下には「上州白井宿 質屋」と書かれた木製看板が今も残っています。

おやつカフェ

上）昔ながらの広い土間をおしゃれに活用した店内。黄色い灯りのランプが印象的です。左下）アンティークな和箪笥や黒電話が粋なアクセントに。右下）その日のおすすめのコーヒー豆が透明の器に入り、カウンターに並びます。豆の販売もしています。

　好みの豆をドリップコーヒーで楽しむことができます。コーヒーとともに味わって欲しいのは自家製のケーキ。甘すぎず程良い酸味を感じ口の中でとろけるチーズケーキ、ビターで濃厚なガトーショコラなど、どれも丁寧に作り込まれた上質な味が魅力です。

オーナーの
曽根真志さん

私たちが大切にしている時間の流れ、空間とともに、こだわりのコーヒーをお楽しみください。

MENU　ドリップコーヒー（ホット）600円〜／ドリップコーヒー（アイス）630円〜／カフェラテ（ホット）600円／チーズケーキ 650円／ガトーショコラ 650円

DATA
- 住）渋川市白井919-1
- TEL）080-9296-4168
- 営）10:00-17:00（L.O.16:30）
- 休）金曜
- 席）14席　全席禁煙　予約不可　カード可
- ¥）https://sonesyoten.square.site/
- URL）インスタグラムあり

ACCESS　渋川駅から北東へ約3.2km（車で約8分）

tantan
タンタン

37
おやつカフェ
〈前橋市〉

道路から一段高い場所に立っています。見晴らし抜群。

おやつカフェ

入り口のショーケースの先には、陽の光が差し込む明るい空間が広がります。

パスタもデザートも大充実
食事の後はバリクロ？ショートケーキ？

　2023年2月、高台に建つ可愛らしいカフェがオープンしました。入り口を入ると冷蔵と常温、2つのショーケースが並んでいます。冷蔵にはショートケーキやベイクドチーズケーキ、パンナコッタなどケーキ類。常温にはパウンドケーキやスコーンなどの焼き菓子や、クロワッサンなどのパンが並びます。どれもみんなおいしそうで、迷ってしまいます。その横のレジで食べたいものを選んで注文し、会計をしてから席に着くというシステムです。

　ケーキやパンが充実している理由は、オーナーの井上茜さんがパティシエ、茜さんのご主人が元パン職人だから。特に茜さんの作る「tantanのショートケーキ」、ご主人の作る「バリクロ」には根強いファンが多いそうです。バリクロとは特殊な折り込み方で仕上げるクロワッサン。一層一層がバリバリしていて、その食感が病みつきになります。「生地の練り方、発酵時間を工夫しています」と茜さん。

　tantanのショートケーキは口の中に入れるととろりととろけるやさしいスイーツ。こだわりのスポンジと2種類の生クリームを合わせて作るそうです。季節によってイチゴやメロン、シャインマスカットなどトッピングする果物が変わるのもお楽しみ。

091

左上）さわやかな味わいの「自家製サルシッチャのレモンクリームパスタ」。左下）濃厚ソースが食べ応え抜群。「牛すじのボロネーゼパスタ」（1,500円）。右）スポンジにとことんこだわる「tantanのショートケーキ」。

　季節や仕入れによって内容が変わるランチメニューのパスタには、自家栽培のハーブや茜さんの実家の畑で朝採りする新鮮野菜をたっぷり使っています。自家製のドレッシングが好評のサラダもぜひ味わって。ソースの作り置きはせず、オーダーが入ってから作り始めるのもこだわりです。「自家製サルシッチャのレモンクリームパスタ」や「牛すじのボロネーゼパスタ」など、ここでしか味わえないパスタがそろっています。
　コーヒー豆は「SHIKISHIMA COFFEE FACTORY」に焙煎を依頼したオリジナルブレンド。「店内では夕陽がきれいに見えるの

クロワッサンより一層一層がしっかりした食感の「バリクロ」。一度食べると病みつきに。

おやつカフェ

上）店内にはカウンター席とテーブル席があります。カジュアルで居心地の良い空間です。左下）焼き菓子の種類が豊富。焼き色の美しさに目が釘付けに。右下）店の南面には小さなハーブ畑が広がります。料理には採れたてのハーブを使い、味にアクセントを付けます。

で赤を意識したブレンドになっています。日にかざすと赤く見えるんですよ」と茜さん。上毛かるたの「裾野は長し赤城山」にちなみ、余韻が長く続くのも特徴です。予約は不可なので、開店前から行列ができることもあります。お客さまが一巡する13時ごろが狙いめだそう。テイクアウトでパンやスイーツを買い求めるのも良いですね。

オーナー・パティシエの
井上茜さん

料理もコーヒーもパンもケーキもこだわって作っています。気軽にお立ち寄りいただければうれしいです。

MENU
自家製サルシッチャのレモンクリームパスタ 1,450円／ルッコラとえびのトマトクリームパスタ 1,450円／tantanのショートケーキ 550円／バリクロ 270円／ドリップコーヒー 500円

DATA
- 住 前橋市上細井町1126-2
- TEL 027-215-5908
- 営 11:00-19:00（料理L.O.18:30）
- 休 水・木曜、不定休あり
- 席 21席　全席禁煙　予約不可
- ¥ カード可
- URL インスタグラムあり

ACCESS 中央前橋駅から北東へ約3.7km（車で約10分）

38

おやつカフェ
〈前橋市〉

Club Thierry
クラブ ティエリ

手間暇かけた料理とスイーツ
上質な時間を楽しめる大人のカフェ

上）三角形の店内には座り心地の良い椅子が並んでいます。左下）BLTのベーグルサンドイッチ。ピクルスやサラダも付きます。右下）お好みで岩塩をつけながらいただく「バスクチーズケーキ」（460円）。

おやつカフェ

小さいけれど緑に囲まれた屋外デッキもあります。白いパラソルがさわやかです。

　南、東、西、三方に開いた窓から気持ちの良い緑を望めます。2021年にオープンした「Club Thierry」は、平日は7時、土日祝日は6時から営業するカフェです。いちおしは、米麹やきび砂糖を入れて軽めに焼き上げた自家製ベーグルのサンドイッチ。BLTやスモークサーモン&アボカド、サバなど8種類の中から選べます。他に、デンマークのオープンサンド「スモーブロー」もおすすめ。全粒粉で焼いたパンがおいしさの決め手です。手作りスイーツも常時12～13種類そろえています。
　「自分が食べておいしいと思うものだけを提供しています」というオーナーの千田さん。できる範囲で手間をかけるのがモットーだそうです。キャロットラペに使うニンジンやコールスローに使うキャベツはスライサーを使わず、包丁で切ります。「歯応えが全然違うんですよ」。スープのブイヨンは牛スジや鶏ガラから丁寧に取り、ベーコンや鶏ハムもすべて手作りします。朝5時から仕込みをする日々ですが、その手間暇がお客さまにも伝わっていることは間違いありません。

左)「日本トーターグリーンドーム前橋」の西隣にあるカフェ。右)ショーケースには手作りスイーツがずらり。グルテンフリーのケーキもそろっています。

オーナーの
千田桂子さん

居心地の良い空間で、時間を忘れてゆっくりお過ごしください。

MENU　バスクチーズケーキ 460円／ベーグルサンドイッチBLT 1,300円／スモーブローセット（スモークサーモンアボカド）1,590円／トーストセット 1,300円／バターチキンカレー 1,250円

DATA
- 住　前橋市岩神町1-9-10
- TEL　027-289-8288
- 営　[平日] 7:00-18:00 (L.O.17:30)
  [土・日・祝] 6:00-17:00 (L.O.16:30)
- 休　木曜
- 席　テーブル・カウンター席 15席　テラス席 6席
  全席禁煙　予約可
- 支　カード可
- URL　インスタグラム、フェイスブックあり

ACCESS　中央前橋駅から北西へ約3.7km（車で約10分）

095

39
おやつカフェ
〈伊勢崎市〉

Quatre Café&Donut
キャトルカフェ アンド ドーナツ

独特の世界観に浸りながら
可愛らしいドーナツと大満足のランチを

上）彩り鮮やか、可愛らしいだけでなく、どれも美味。お土産にも喜ばれます。左下）ランチは予約制。スイーツやドリンクも付いてボリュームたっぷり。右下）童話の世界に入り込んだかのような店内。

096

おやつカフェ

看板猫のぶーちゃん

左）風や緑を感じながらゆったりと過ごせるデッキ。右）店内に入って右側にある空間。壁に描かれたいきいきとした花々に気分が華やぎます。

気候の良い季節はデッキで、冬は室内で薪ストーブの炎のゆらぎを眺めながら過ごして。ドーナツはお土産にもぴったりのボックスも用意。「箱を開けるなり『わー』と歓声が上がる」と喜ばれているニャ。

　店名のQuatreは、フランス語で「4」の意味。築50年の平屋を家族4人でリノベーションしたことから、この名を付けたそう。ドア、テーブル、椅子などの調度品はフランスのアンティーク。薪ストーブや、ふんわりとした風合いのスタッフウエアなど隙のない統一感が、非日常を見事に演出します。

　ドアを開けると、迎えてくれるのは色とりどりのドーナツ。常時およそ15種類が並びますが「変化をつけてお客さまに喜んでいただきたい」というオーナーの思いから、新しいメニューや限定メニューが次々に登場します。

　生地は、ベーキングパウダーを使ってさっくり仕上げたものと、イースト菌でふんわりもっちりしたものの2種類。どちらも群馬県産の小麦粉を使用しています。しっとり感とたっぷりのボリュームにこだわり、食べ応え十分です。コーティングを施してある分、甘さはグッと控えられているので、ついもう一つ、と手が伸びてしまいます。ランチは予約制で11時半〜15時まで。

海外の店のような洒落た看板が目印。春は色とりどりの花が咲き競います。

MENU ドーナツ各種 334円〜／ランチ3種類（スイーツ＋ドリンク付）各2,420円／ドーナツプレート（ドーナツ1個＋ミニソフトクリーム＋ドリンク）1,320円／コーヒー（HOT/ICE）550円／モレッティビール 770円

DATA
- 住　伊勢崎市田部井町3-2017
- TEL　0270-61-9046
- 営　11:00-18:00
- 休　水・木曜
- 席　席数 20席　全席禁煙　予約可
- ¥　電子マネー可（PayPayのみ）
- URL　https://donutquatre.base.shop/
　　インスタグラムあり

ACCESS 国定駅から南東へ約2.8km（車で約7分）

097

40
おやつカフェ
〈伊勢崎市〉

café suave bis
カフェ スアーヴ ビス

美容・健康・環境への思いやりが心地良い
心と体を満たすご褒美スイーツ

左）低農薬のイチゴを使った「超低農薬イチゴのタルトレット」(1,405円)。「つみたてミントのティースカッシュ」(764円)。右上）バターが芳醇に香る「クイニーアマン」(489円)。右下）エキゾチックなテイストとフランスのエスプリがミックスされたおしゃれな空間。

098

おやつカフェ

不織布バッグは環境にやさしいだけでなくおしゃれ。

とっておきのスイーツで、心と体にパワーチャージしたい。そんな時に訪れたいのが、「café suave bis」。美容や健康を考え、オーガニックや国産素材にこだわったキッシュやケーキがそろいます。直接取引をしている農家も多く、スタッフで畑仕事を手伝いに行くこともあるそう。その時々の旬を大切に、食材ありきで作るスイーツは、ひと口食べれば素材の魅力がストレートに伝わってきます。

自家焙煎のオーガニックコーヒーや、農薬・肥料不使用の生姜を使ったジンジャーエールなどドリンクもぬかりなし。ステンレス製のストローや、不織布の持ち帰りバッグなど環境に配慮した取り組みにも力を入れています。

モロッコのテイストを取り入れたイートインスペースは、美大で染色を学びパリ留学も経験したオーナーのセンスが凝縮した空間。味・空間・環境への思いやりすべてがカフェで過ごす時間をやさしく満たしてくれます。

左)こじんまりとして落ち着きのあるイートインスペース。右)素材について丁寧に説明されたオーナー手描きのメニュー表。

オーナーの
須永亜有美さん

生産者さんの顔が見える食材を使い、おいしくて体にもやさしいお菓子作りを心がけています。忙しい日々の間に、頑張っている自分へのご褒美としてちょっと一息つきに来てください。

MENU クラシックチーズケーキ 998円／季節のオーガニックケーキ 982円〜／季節の無農薬野菜のキッシュ 917円／自家焙煎オーガニックコーヒー 662円／無農薬生姜の自家製ジンジャーエール 836円

DATA
- (住) 伊勢崎市茂呂町2-2838-1
- (TEL) 0270-40-5226
- (営) 12:00-17:00
- (休) 火・水・木・金曜
- (席) 10席　全席禁煙
  席の予約不可（ケーキの予約は可）
- (¥) カード可
- (URL) https://lit.link/cafesuavebis
  インスタグラム、フェイスブックあり

ACCESS 剛志駅から北西へ約2.4km（車で約5分）

FUIGO TATEBAYASHI

フイゴ タテバヤシ

41

おやつカフェ
〈館林市〉

おやつカフェ

左）光が降り注ぐ窓際のカウンター席でゆったりとしたカフェタイムを。右上）窓の影が印象的なカフェに続くスロープ。建築家のこだわりが感じられます。右下）「ピスタチオソフトクリーム」。一度は味わって欲しい風味とまろやかさ。

貴重なメタボリズム建築の中で味わうゆったりとした至福の時間

　館林駅から徒歩5分ほどの好立地に、ガラスの部屋が飛び出しているような一風変わったビルがあります。この建物は、黒川紀章氏とともにメタボリズム建築のムーブメントを巻き起こした建築家菊竹清訓氏によるもので、群馬の名建築に名を連ねています。1963年の完成以来、館林市庁舎として大きな役割を担い、市庁舎の移転後は市民センターとして地域の人々に愛されてきました。そして近年、現存する貴重なこの建築を未来に残そうと再び注目が集まっています。

　その流れの一つとして、建物の1階に太田市で人気のカフェ「FUIGO」が出店。2023年11月に「FUIGO TATEBAYASHI」としてオープンしました。太田の店舗はテイクアウト専門店ですが、こちらはイートインも可能。建物を貫く大きな丸い柱はそのままに、無機質な質感に陽の光が降り注ぐスタイリッシュな空間となっています。

　店内に入ると、自家焙煎コーヒーのアロマとともに、ほうじ茶ラテのほっこりするような香ばしい香りが漂ってきます。奈良にある茶屋から取り寄せているというほうじ茶とミルクのや

101

おやつカフェ

建物を貫く丸い大きな柱はそのままに、メタボリズム建築の魅力を存分に生かした無機質でおしゃれな店内。自家焙煎のおいしいコーヒーとともに芸術的な建築を体感するぜいたくな時間。

上）グレーを基調とした無機質な素材のカウンター。既存の建築を引き立てかっこいい空間に。左下）「ほうじ茶ラテ」のほっこりラテアートと「パン・オ・ショコラ」。右下）「生ハムとチーズのバゲット」。コーヒーとともに。

さしい味に癒やされると評判です。

　オリジナルの「ピスタチオソフトクリーム」も人気。ミルク感たっぷりのピスタチオソフトクリームの中に濃厚なピスタチオペーストがざっくりと練り込まれ、ひとすくいごとに味の変化が楽しめます。小腹を満たしたいなら、クロワッサンや「パン・オ・ショコラ」も。パリッとした食感の後にバターの風味がふわりと口の中に広がります。しっかりと食べ応えのあるバゲットサンドは、コーヒーに良く合います。

　入り口は建物正面のエントランスから。窓の影が美しいゆる

建築にゆかりあるアートポスターが映えます。

104

おやつカフェ

上）特徴的な外観が目を引く旧館林市庁舎。カフェは1階。貴重なメタボリズム建築をゆったりと堪能できます。左下）カフェに隣接するアート＆ラウンジスペースの展示。右下）オリジナルの自家焙煎コーヒーをご自宅でも楽しめます。

やかなスロープを下ると開放的なアート＆ラウンジスペースが広がり、カフェへと導かれます。仕切りはガラス張りのため、お気に入りのドリンクを片手に、アートや建物の雰囲気を存分に味わうことができます。60年の時を刻んでもなお、そのデザインに魅了されるメタボリズム建築を体感しながら、ゆったりとした時間を過ごしてみてはいかがでしょう。

スタッフの
高橋良太さん

ほうじ茶ラテやピスタチオソフトクリームとともに、歴史ある建物の雰囲気を感じながら、ゆったり過ごしていただきたいです。

MENU　本日のコーヒー M350円〜 L450円〜／ほうじ茶ラテ 450円／ピスタチオソフトクリーム 650円／パン・オ・ショコラ、クロワッサン 各220円／生ハムとチーズのバゲット 450円

DATA
- 住）館林市仲町14-1　館林市民センター1階
- TEL）050-8892-7908
- 営）10:00-17:00
- 休）月・火曜
- 席）テーブル席 12席　カウンター席 7席　全席禁煙　予約不可
- ¥）カード可　電子マネー可
- URL）https://www.fuigo.info/
  インスタグラムあり

ACCESS　館林駅から北東へ約700m（徒歩で約10分）

42
おやつカフェ
〈高崎市〉

Niksen Kojo CAFE
ニクセン コウジョウカフェ

上）周りの視線が気にならないようグリーンの配置に配慮した店内。左下）硬めの食感のプリン。ほろ苦いカラメルが良く合います。右下）南国を感じさせる空間。

深煎り自家焙煎コーヒーとお手製スイーツ
テイストの異なる空間で何にもしないを楽しむぜいたく

おやつカフェ

焙煎は手網か機械、フィルターはペーパーかネルが選べます。ペーパーはすっきり、ネルはまろやかな口当たりに。コーヒー豆の販売もしています。

手網と焙煎機で焙煎を続けてきたオーナーの木下有里さんによる深煎りコーヒーと、オリジナルのスイーツがいただけるカフェ。お父さまが経営していた工場を、建築学生と一緒にリノベーションした手作りの空間です。およそ100坪という広い店内は、まるで異国のリゾート地。たくさんのグリーンが置かれ、小鳥たちのさえずりのBGMが心地良く響きます。選ぶ席によって雰囲気がガラリと異なるので、何度通っても新鮮に感じられます。

自家焙煎のコーヒーは、すべて深煎り。ワインで言うならフルボトル。どっしりとした味わいと、深く豊かな香りが最大の魅力です。時間の経過とともに変わりゆく味わいも楽しんで。そんな深煎りコーヒーにぴったりなのが、バターを控えチョコレートソースでコクを加えたクロッフルや、硬めの舌触りに仕上げたプリン。お互いを引き立て合います。

「Niksen」とは、オランダ語で"何もしない時間"という意味。時には日常を切り離し、自分へのご褒美タイムを。

オーナーの愛猫で同店のイメージキャラクターの銀次郎さん

昼間はコーヒーを飲みながら、本を読んだり、椅子に体をゆだねたりしてのんびりと。夜は昼間と雰囲気もBGMも変わる店内で、コーヒーカクテルなどのアルコールやおつまみ、お食事で楽しく過ごしていただきたいニャ。

左）靴を脱いで寛げる小上がり風の空間。子ども連れに喜ばれます。右）手作りカウンターは、コーヒーを淹れる様子を目の前で見られる特等席。

MENU 本日のドリップコーヒー 500円〜／クロッフルとコーヒーのセット 550円／プリン 450円／ピザトースト 550円／アフォガード 550円

DATA
🏠 高崎市島野町35-6　📞 027-352-9620
🕐 [月〜木] 14:00-22:00
　[金・土] 14:00-23:00
　[日・祝] 9:00-18:00
　(L.O. フード閉店の1時間前、ドリンクは30分前)
休 不定休
席 30席　全席禁煙　予約可
¥ カード可　QR決済可
URL https://niksen.stores.jp/
　インスタグラムあり

ACCESS 高崎ICから南東へ約8.8km (車で約11分)

スペシャルティコーヒーでひと休み。

SPECIALTY COFFEE BREAK

vol.05

コーヒーに携わって25年のキャリアを持つ、焙煎士の阿部太さんが満を持してオープン。店内のロースターで焙煎したスペシャルティーコーヒーがそろいます。ストレートコーヒーは、浅煎りから深煎りまで13種類。常時おすすめを入れ替えるそう。焙煎具合や気候などを見極めて淹れ方を変える、専門店ならではのこだわりが光ります。

香りもコクも味わいも際立つ違いが楽しめるロースタリーカフェ

1. 200ccのコーヒーは可愛いらしいビーカーで提供。カップの内容量はおよそ150cc。残った50ccは時間とともに変わりゆく味や香りを楽しんで。2. 店舗を特徴づけるスタイリッシュな壁。カウンターを囲むように席が用意されており、テーブル席もあります。スタッフの心配りの行き届いたもてなしが最高に心地良い癒やし空間。3. 開放的な大きなガラス戸が入り口の外観。4. ローストしたコーヒーを確認する焙煎士。

A BEAN'S COFFEE

［伊勢崎市］

住 伊勢崎市宮子町3516-5　TEL 0270-61-5870　営 8:30-19:00 (L.O.18:30)　休 無休
席 全席禁煙　22席　予約可　¥ カード可　QR決済可
URL https://abeans.coffee/　インスタグラム、フェイスブックあり

スペシャルティコーヒーでひと休み。

SPECIALTY COFFEE BREAK

vol.06

"毎日飲みたくなる味わい"を目指し、世界中から厳選した豆を中煎り〜中深煎りで提供。ドリップコーヒーは気分に合わせて選べるよう、「憩」「彩」「晴」の3種にカテゴライズされているので、産地や品種で選ぶのは難しいというコーヒー初心者でも安心です。新しい出合いを求めるなら個性の強い3種を飲み比べできるテイスティングセットがおすすめ。

コーヒーの間口が広がる小さな町の焙煎所

1. これまでに500軒以上のコーヒーショップを巡った店主の小林さん。 2. 静かな街並みに溶け込む佇まい。 3. おしゃれなギフトもそろいます。4. 個性の違いを楽しめる「ドリップ3種飲み比べ」（1,500円）。甘味3種付き。

HIRAKU -ひらく-

[邑楽郡千代田町]

(住) 邑楽郡千代田町赤岩213-5　(営) [平日] 11:00-19:00 [土・日・祝] 10:00-18:00
(休) 火曜（臨時休業もあるのでインスタグラムで確認）　(席) 11席 店外ベンチ3席 全席禁煙　予約不可　(¥) カード不可
(IR) https://hirakucoffee.com　インスタグラムあり

上）浅煎りならではのさわやかなカフェラテと、すっきりとした味わいのドリップコーヒー。左下）同店のコーヒーが入ったほろ苦ソフトクリーム。右下）調剤薬局らしさが残る店内。

45
おやつカフェ
〈高崎市〉

伊東屋珈琲 高崎店
いとうやこーひー たかさきてん

築100年近い建物をリノベしたコーヒースタンド
桐生の人気店のスペシャルティコーヒーを高崎で

おやつカフェ

左）写真左側が同店。蝦茶色(えびちゃ)の店頭幕が目印。左）店頭には、コーヒー豆やオリジナルグッズのほか、季節のギフトも並びます。ドリップパックは親しい人へのプレゼントにも。

オーナーの
髙松美恵子さん（右）と
バリスタの松村由美さん

定番のほか、季節のコーヒーもご用意。テイクアウトもOKです。お気に入りのコーヒーやカフェソフトを手に、高崎の街歩きを。ドリップバッグ、コーヒーバッグなどギフトも充実しています。

　市街地にある本町通り沿いに大正時代の調剤薬局をリノベーションした、どっしりとした造りが目を引く店があります。それが、「伊東屋珈琲 高崎店」。

　ラインナップは、コーヒーやカフェラテなどのドリンク類を中心にソフトクリームやジェラートなどのスイーツ。コーヒーは"フルーツのようなコーヒー"を目指したというオーナーの髙松美恵子さんが自信を持ってお届けする「スペシャルティコーヒー」です。産地と直接取引で購入したものを桐生のファクトリーで丁寧に水分を抜きながら、旨味や香りがぎゅっと凝縮されるよう焙煎。新鮮なうちに高崎店に運ばれます。

　ドリップとエスプレッソに使用する豆は、その日に最も良い状態のものをバリスタがセレクト。最高の状態に淹れられるよう挽き目を調整します。同店には、難しいと言われる浅煎り豆でエスプレッソを淹れるのが上手なバリスタがいるそう。ミルクと合わせると、今までに味わったことのない軽やかな口当たりと華やかでフルーティーな味わいのカフェオレがいただけます。

エスプレッソは、グラインダーで細挽きに。挽きたてを淹れてくれるので香りが違います。

MENU ドリップコーヒー 540円／カフェラテ M594円 L648円／カフェソフト（コーン）496円／カフェソフト（コーヒーゼリー入り）842円 ※すべてテイクアウトの8％税率価格

DATA
住 高崎市本町120　TEL 027-329-6247
営 10:00-18:00（L.O.17:30）
休 火・水曜
席 12席　全席禁煙　予約不可
¥ カード可　電子マネー可　QR決済可
URL https://itoyacoffee.com/?mode=f6
インスタグラム、フェイスブックあり

ACCESS 高崎駅から北西へ約3km（車で約10分）

46
おやつカフェ
〈高崎市〉

warmth / warmth離れ
ウォームス／ウォームスはなれ

生産者の顔が見えるコーヒーと
人の温かみが作り出す心地良い空間
コーヒーの世界にどっぷりと浸る
「離れ」にも注目

プロフェッショナルかつフレンドリーな接客で、気分にぴったりの一杯を提案してくれます。

おやつカフェ

生産者に光を当てたラインナップ。パッケージにも生産者の名前が大きく記されています。

　2021年6月に高崎市街地のレンガ通りにオープンしたコーヒースタンド「warmth」。シンプルで洗練された店内に、コーヒーの香りがふんわりと漂います。オーナーの福島宏基さんは、ロースター・バリスタであり、世界各国の生産者のもとへ直接生豆を買い付けに行くグリーンバイヤーとインポーターも兼務。コーヒーテイスティングの国内大会でも優勝経験のあるコーヒーのスペシャリストです。
　「同じ国や品種のコーヒーでも、生産者によって味わいは全く異なります。その違いを体験して楽しんで欲しい」と福島さん。常時8〜10種類を、豆の個性がわかりやすい浅煎りを中心に提供しています。日本では出回らない稀少豆が入荷することもあり、情報を聞きつけて遠方から訪れるコーヒー通も多いそう。
　オーナーの経歴やこだわりを聞くと、コーヒー初心者は身構えてしまいそうですが、福島さんが目指しているのは「人とのつながりや温かさが感じられる、街の寄り合い所」。コーヒー

113

上）一面ガラス張りでふらりと立ち寄りたくなる雰囲気。左下）丁寧なハンドピックでクリアな味わいのコーヒーに。右下）「ハンドドリップコーヒー」（600円）。日替わりの焼き菓子も人気です。

　はそれを実現するための、一つのツールだと言います。コーヒーに関する知識が全くない、自分の好みがいまいちわからないという人もご安心を。店のスタッフに相談すれば、「好きなフルーツは？」「普段はどんなお酒を飲む？」などさまざまな角度から好みを探り、おすすめの一杯を提案してくれます。

　コーヒーのお供には、日替わりで4～5種類がそろう焼き菓子を。季節のフルーツなど素材を生かしたやさしい甘さで、ケーキ目当てに来店するファンも少なくありません。

「アイスラテ」（650円）。エスプレッソのコクとミルクのまろやかさが絶妙なバランス。

114

おやつカフェ

上）ワンランク上のコーヒー体験ができる「離れ」。凛とした空気感が漂います。左下）希少豆との出合いがあるかも。右下）コーヒーを抽出する所作も美しい。

ディープなコーヒーの世界を覗きたくなったら、月数回不定期でオープンする2号店・焙煎所「warmth 離れ」へ。築数百年の蔵を改装したモダンな空間で、一杯のコーヒーの背景に流れるストーリーをじっくり聞くことができ、抽出器具による味の違いも体験できます。コーヒーを使ったカクテルや食事も提供。コーヒーの世界観をぐっと広げてくれます。

オーナーの
福島宏基さん

人生の余白を大切に感じられる場所を作りたいと考えています。おいしいコーヒー、空間、音楽、人とのふれあい。お店での体験によって「なんかいいな」と感じていただければうれしいです。

MENU ハンドドリップコーヒー 600円〜／アイスラテ 650円〜／本日の焼き菓子 380円〜

DATA
- ㊟ warmth：高崎市通町69
  warmth離れ：高崎市中紺屋町35
- ㊥ [月〜金] 7:00-19:00
  [土・日・祝] 8:00-18:00
  ※warmth離れの営業は月数日
- ㊡ 無休
- 席 10席　全席禁煙　予約不可
- ¥ カード可
- https://mainwarmth.stores.jp
  インスタグラムあり

ACCESS 高崎駅から北西へ約650m（徒歩で約9分）

st cafe
エスティ カフェ

47
おやつカフェ
〈桐生市〉

大きなガラス窓の開放感が心地良い。テラス席や奥のショップにも行ってみたくなります。

おやつカフェ

入り口はハナミズキで有名なコロンバス通り側から。スタイリッシュな看板を目印に。

カフェ、ファッション、人が織りなす
スタイリッシュな街のランドマーク

　織物の街桐生から、常にファッションの新しい風を発信してきたセレクトショップ「PENNY RAIN」が、2018年に「st company」として新たに移転オープンしました。以来、県内外の洋服好きやデザイナーに愛され、人とのつながりが生まれる発信拠点にもなっています。「st cafe」はその2階にある人気のカフェです。

　春にはハナミズキの花が美しいコロンバス通りと本町通りが出会う交差点の角、元和菓子屋の建物をリノベーションした店舗は2階建てと3階建ての建物をつなげた面白い造りになっています。入り口はコロンバス通り側に。景観に溶け込む木々のグリーンとシンプルなスケルトンの看板に誘われてアプローチを進み、2階への階段を上ると、建物の躯体の質感を残しつつも、温かみのある洗練されたインテリアのカフェが出迎えてくれます。

　テラス席へとのびやかに続く大きなガラス窓からは、陽の光が降り注ぎます。こちらでいただけるコーヒーは、「猿田彦珈琲」がこの店をイメージして作ったオリジナルブレンド。その名も「陽のあたるアトリエブレンド」。香り豊かで、苦味と酸

117

左上)「カスタードアップルパイ」。バナナジュースはバナナを程良く熟成させた甘さのバランスが絶品。左下) セレクトショップ。ラインナップのセンスの良さとスタッフの笑顔の接客が顧客の心を捉えています。右) テラス側の大きな窓から陽があたる明るい店内で穏やかなカフェタイムを。

味のバランスが良く、スイーツやフードにも良く合います。

　スイーツのおすすめは、生地から手作りして焼き上げた「カスタードアップルパイ」。甘いリンゴとあつあつサクサクのパイ、そして冷たいバニラアイスの組み合わせが絶妙で、ひと口目から思わず笑みがこぼれます。「自家製はちみつパンナコッタ」は、ミツバチを育てて、自家製のハチミツを採るところからのこだわり。ハチミツの自然な甘さとレモンのハチミツ漬けが良く合い、さわやかにとろけます。

　ランチタイムには、ガパオライスのオーダーが良く入ります。あらびき肉の食感とバジルとスパイスの香りが食欲をそそ

テラス席のガラステーブルからは、1階のセレクトショップが見える遊び心のある仕掛けも。

おやつカフェ

上）2階建てと3階建ての建物がスキップフロアのようにつながった面白い建物。2階のカフェのほか、フロアごとに多様なショップがあり、時間を忘れて過ごせます。左下）「自家製はちみつパンナコッタ」。ハチから育てるこだわり。右下）カフェタイムの後は3階のセレクトショップへ。

　ります。PENNY RAINのころからのファンが多い「おかみのカレー」も不動の人気。野菜と果物のコク、肉の旨味がぎゅっと溶け込んだ心までほぐれる味です。
　「セレクトショップやポップアップショップを楽しみ、カフェでゆったりと過ごしたり、屋上で空を眺めたりして、一日ゆっくり過ごして欲しい」と話すのは統括マネージャーの環里江さん。さまざまな出合いが生まれる桐生の人気スポットです。

店長の
五十嵐堅太郎さんと
スタッフの山口祐芽さん

陽の光が差し込む穏やかな空間で、ゆっくりと食事やデザートを楽しんでください。

MENU ホットコーヒー 猿田彦450円 iFNI（デカフェ）550円／バナナジュース 450円／ガパオライス 900円／カスタードアップルパイ 600円／自家製はちみつパンナコッタ 450円

DATA
㊟ 桐生市川岸町177-4　℡ 0277-22-5535
営 ［カフェ］11:00-19:00
　　（L.O.フード18:15 ドリンク18:45）
　　［ショップ］11:00-20:00（最終入店 19:00）
休 火・水曜
席 テーブル席 12席　テラス席 5席
¥ 予約可　電子マネー可
URL https://www.stcompany.com/kiryu/
　　インスタグラムあり

ACCESS 桐生駅から南東へ約650m（徒歩で約9分）

48
おやつカフェ
〈桐生市〉

cafe Kisetsu
カフェ キセツ

季節を感じ、季節を味わう
街を思う気持ちが生んだ
カフェ空間

「かしぐね」は、カフェの世界へ誘う店のシンボル。くぐり抜けた先が店の入り口となります。

ゆとりのある空間使いは自分時間を過ごすのにぴったり。季節の花木も飾られています。

おやつカフェ

左）昔ながらのフォルムが可愛いらしい「くろほねたまごのプリン」は、同店の人気メニュー。黒保根町産のこだわり卵やきび砂糖を使用し、むっちり食感のやさしい味わい。右）やわらかな光に包まれた店内。カウンター席も完備。

　織物の街として栄えた桐生市。織物工場に多くみられる「ノコギリ屋根」が特徴の古い建物を、大工やボランティア、建築士のご主人とともに改装し、カフェをはじめた店主の中島奈々瀬さん。「建物の佇まいにも魅力を感じたのですが、駐車場から建物入り口に続く『かしぐね』と呼ばれる、緑のトンネルに一目惚れしてしまったんです」と、懐かしそうに話す中島さん。「かしぐね」は、樫の木の防風林のこと。少し腰をかがめながらでしか店にたどり着けない、遊び心をくすぐるアプローチ。その先に待つのは、季節の移ろいを感じられる穏やかな空間でした。

　年代物の碍子(がいし)やむき出しの電力など織物工場の面影を残しながら、高窓から木漏れ日が差し込み緑が影となって、四季折々の表情を見せてくれる店内。旧黒保根村で生まれ育った中島さんは、地元の魅力を伝えられたらと、地場産の素材を多く使用しています。コーヒーは季節ごとに、村の情景にマッチしたブレンドを提供。カフェとして再生したこの場所は、季節のように緩やかに、街と人とを紡ぐ存在となっているようです。

写真／羊のオブジェ
コメント／店主の中島奈々瀬さん

プリンに使用する卵は、黒保根町唯一の養鶏場のもの。水のきれいな黒保根町の食材や有機のものにこだわり、手作りしています。この空間と食べ物、飲み物で、季節を感じて過ごしていただけたらうれしいです。

MENU　季節のプリンアラモード 680円／有機紅茶(HOT・ICE) 450円／マサラチャイ(HOT・ICE) 600円／季節の気まぐれデザート　※メニュー・価格ともに変動あり

DATA
- 住　桐生市堤町3-7-25
- 営　SNSで要確認
- 休　日・月・金曜　※変動あり
- 席　カウンター・テーブル席 14席　室内禁煙　予約不可
- ¥　カード使用可　電子マネー使用可
- URL　インスタグラムあり

ACCESS　丸山下駅から北西へ約750m（徒歩で約10分）

いしづカフェ

49
おやつカフェ
〈吾妻郡嬬恋村〉

北欧の雰囲気漂う店内は、開放的で落ち着いたテイスト。窓ごしに眺める、四季折々の自然豊かな山里の景色に癒やされます。

おやつカフェ

木々の緑が白い壁に映える外観。

体にやさしい料理に心も癒やされる…
山里の古民家をリノベーションしたカフェ

　嬬恋村の静かな山里にひっそりと佇む築100年の古民家をリノベーション。真っ白な壁に木漏れ日が降り注ぐ中、扉を開けると、北欧の雰囲気漂う和モダンな空間が広がります。高い天井にはもともとの梁(はり)がそのまま生かされ、木のぬくもりが感じられます。広いテーブルの一部は、改装時の材料を使って手作りし、座り心地の良いソファが並びます。

　カフェを営むのは、現役の歯科衛生士でもある宮﨑みづきさん。趣味のケーキ作りが好評で注文が入るようになり、ケーキ工房を作ろうと再生した古民家で、2023年の夏、「いしづカフェ」をオープンしました。「地元の人たちに美味しい料理とデザートを楽しみながら、ゆっくり過ごせる場所を提供したい」と始めたカフェの評判は県外まで広まり、今では遠方からわざわざ訪れる人も多いそうです。

　旬のフルーツをたっぷり使い、華やかなデコレーションが心躍らせるデザートは、甘さ控えめでバターの代わりにオリーブオイルや米油を使うなど、健康にも配慮しています。オーダーにも応じているので、記念日などにぜひ利用を。冬にはケーキビュッフェも開催。日程はインスタグラムで告知します。

上）彩り豊かな盛り付けに気分が上がるランチセット。旬の野菜のおいしさを生かした惣菜は、味わうごとに栄養が体と心に沁みわたります。左下）窓からはやさしい光が差し込みます。右下）パンももちろん自家製です。

ランチタイムには、嬬恋村産を中心に県産や国産の食材を使った野菜たっぷりのヘルシーメニューを提供。歯科衛生士として栄養指導に関わった経験から「おいしくて栄養バランスのとれた体にやさしい食事を提供したい」と、手間暇かけて作っています。この日のメニューは、低温調理で作る自家製鶏ハムと欧風カレーの2品がメイン。鶏ハムは、口の中で溶けてしまいそうなほどやわらかく、欧風カレーはまろやかでありながらスパイスが効いた深い味わいです。新鮮な野菜のサラダや「キャ

小さなお子さま連れでも安心して寛げる小上がりの座敷席。